2019 年度山东省社科规划研究服务决策咨询项目□
倡议下外国法查明的困境突破和地域性制度设计"

"一带一路"倡议下外国法查明的困境突破和制度设计

王莉莉　著

中国财经出版传媒集团

经济科学出版社
Economic Science Press

图书在版编目（CIP）数据

"一带一路"倡议下外国法查明的困境突破和制度设计/王莉莉著. -- 北京：经济科学出版社，2022. 12
ISBN 978 - 7 - 5218 - 4326 - 2

Ⅰ. ①一…　Ⅱ. ①王…　Ⅲ. ①法律 – 研究 – 世界
Ⅳ. ①D910. 4

中国版本图书馆 CIP 数据核字（2022）第 220557 号

责任编辑：于　源　冯　蓉
责任校对：徐　昕
责任印制：范　艳

"一带一路"倡议下外国法查明的困境突破和制度设计
YIDAIYILU CHANGYIXIA WAIGUOFA CHAMING
DE KUNJING TUPO HE ZHIDU SHEJI

王莉莉　著
经济科学出版社出版、发行　新华书店经销
社址：北京市海淀区阜成路甲 28 号　邮编：100142
总编部电话：010 - 88191217　发行部电话：010 - 88191522
网址：www. esp. com. cn
电子邮箱：esp@ esp. com. cn
天猫网店：经济科学出版社旗舰店
网址：http://jjkxcbs. tmall. com
北京季蜂印刷有限公司印装
710×1000　16 开　13.5 印张　190000 字
2022 年 12 月第 1 版　2022 年 12 月第 1 次印刷
ISBN 978 - 7 - 5218 - 4326 - 2　定价：55.00 元
（图书出现印装问题，本社负责调换。电话：010 - 88191510）
（版权所有　侵权必究　打击盗版　举报热线：010 - 88191661
QQ：2242791300　营销中心电话：010 - 88191537
电子邮箱：dbts@ esp. com. cn）

目　　录

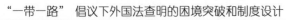

第一章

"一带一路"倡议下外国法查明的制度价值

从公元前 139 年先行者开启"凿空之旅"①，铺就了贯穿亚欧大陆的丝绸之路，到 2013 年 9 月和 10 月习近平分别提出建设"新丝绸之路经济带"和"21 世纪海上丝绸之路"的倡议②，跨越千年的传奇走入世界视野，"一带一路"愿景承载中国梦开启了一段穿越时空的新征程。"一带一路"（The Belt and Road，B&R）作为由中国发起的开放性、包容性的区域经济合作框架和国家级顶层合作倡议，以古代丝绸之路的文明和历史为烙印，以中国与相关国家的双边和多边机制为依托，以行之有效的区域合作平台为载体，以深入推动沿线各国发展战略的对接与耦合为手段，高举和平发展的伟大旗帜，凝练政治互信、经济融合、文化包容的中国式方案和中国式智慧，携手完成打造人类利益共同体、命运共同体和责任共同体的至高目标。

2015 年 3 月 28 日，国家发展改革委、外交部、商务部联合发布了

---

① "然张骞凿空，其后使往者皆称博望侯，以为质于外国，外国由此信之。"参见汉·司马迁：《史记·大宛列传》，线装书局 2016 年版，第 515 页。

② 习近平：《加快推进丝绸之路经济带和 21 世纪海上丝绸之路建设》，新华网，2014 年 11 月 6 日，http://www.xinhuanet.com//politics/2014 – 11/06/c1113146840.htm。

《推动共建丝绸之路经济带和21世纪海上丝绸之路的愿景与行动》，预示着"一带一路"建设的系统工程将构建全方位开放新格局，并推动亚欧非各国的互利合作迈向新的历史高度。如今，"一带一路"倡议已经提出了9个年头，从亚欧大陆一路高歌挺进到非洲、美洲和大洋洲，高质量共商、共建、共享的建设理念"为世界经济增长开辟了新空间，为国际贸易和投资搭建了新平台，为完善全球经济治理拓展了新实践，为增进各国民生福祉作出了新贡献"①。

在"一带一路"这条机遇之路、发展之路和繁荣之路上，鲜花锦簇，硕果累累。2013～2017年，中国与"一带一路"沿线国家货物贸易额累计超过5万亿美元，对外直接投资超过700亿美元，上缴东道国的税费达22亿美元，创造就业21万个②。截至2017年5月，第一届"一带一路"国际合作高峰论坛期间，"一带一路"建设取得了政策沟通、设施联通、贸易畅通、资金融通、民心相通5大类，共76大项、279项具体成果③。截至2019年4月第二届"一带一路"国际合作高峰论坛期间，对于首届"一带一路"国际合作高峰论坛达成的279项具体成果，已经按照计划全部完成，论坛期间，中国作为东道主，牵头汇总了合作倡议、合作文件、多边合作平台、项目及项目清单、融资类项目和政企合作项目的6大类，283项务实成果清单，中外企业签署各类合作协议所涉总金额640亿美元，搭建了包括中欧班列、港口、海关、会计、金融、税收、环保、文化等领域在内的20多个多边对话合作平台，形成了以高峰论坛为引领、多边合作机制为支撑的"一带一路"基本合作架构，展现了"一带一路"新愿景、新起点、新征程背景下的新

---

① 《携手奔向互利共赢的康庄大道——习近平主席出席第二届"一带一路"国际合作高峰论坛纪实》，2019年4月28日，新华网，http://www.xinhuanet.com/politics/leaders/2019-04/28/c_1124429866.htm。

② 在京举行的"一带一路"贸易投资论坛中商务部副部长钱克明出席致辞。参见钱克明：《4年来"一带一路"对外直接投资超700亿美元》，2018年4月12日，http://finance.sina.com.cn/meeting/2018-04-12/doc-ifyzeyqa8656538.shtml。

③ 《"一带一路"国际合作高峰论坛成果清单》，2017年5月16日，一带一路国际合作高峰论坛，http://www.beltandroadforum.org/n100/2017/0516/c24-422.html。

机遇。尽管受到 2020 年全球新冠肺炎疫情的影响，中国仍然持续深化与 "一带一路" 沿线国家和地区的经贸、投资合作，保持了高质量发展的上升势头，仅 2020 年，"我国与 '一带一路' 沿线国家的货物贸易额就达到 1.35 万亿美元（2013 年为 1.04 万亿美元），同比增长 0.7%，占我国总体外贸比重达到 29.1%，我国对沿线国家非金融类直接投资达 177.9 亿美元，同比增长 18.3%"①。据 2021 年 8 月初发布的《中国 "一带一路" 贸易投资发展报告 2021》显示，"中国境内投资者在 "一带一路" 沿线的 58 个国家实现直接投资 186.1 亿美元"，创造了在全球对外直接投资同比缩水 35% 背景下的逆势增长。"截至 2021 年 6 月，中国已经同 140 个国家和 32 个国际组织签署了 206 份共建 '一带一路' 合作文件，涵盖互联互通、投资、贸易、金融、科技、社会、人文、民生、海洋等多个领域。"② 成果卓著的 "一带一路" 合作正在不断走深走实，韧性十足。

在广泛和深入的 "一带一路" 国际交往中，政治、经济和法律等方面的诸多差异，也造成了大量的民商事分歧，涉 "一带一路" 法律风险和法律服务需求激增。为服务和保障 "一带一路" 建设，最高人民法院分别于 2015 年和 2017 年公布了两批共 18 个涉 "一带一路" 建设典型案例，2019 年，发布 6 件涉 "一带一路" 建设指导性案例，同年 11 月最高人民法院国际商事法庭域外法查明平台公布的 52 个案例中也有三例③涉及 "一带一路" 国家。2017 年，上海高级人民法院发布涉外、涉港澳台商事审判白皮书及十大典型案例，2018 年，发布 8 个涉 "一带一路" 建设典型案例，上海海事法院发布涉 "一带一路" 十大典

---

① 《两会解读·丁一凡：2021 年 "一带一路" 建设将保持上升势头》，2021 年 3 月 8 日，澎湃网，https://www.thepaper.cn/newsDetail_forward_11610883。

② 佟亚涛：《〈中国 "一带一路" 贸易投资发展报告 2021〉发布：团结合作、逆势增长成关键词》，2021 年 8 月 12 日，http://news.sina.com.cn/o/2021 – 08 – 12/doc – ikqcfncc2341291.shtml。

③ 平台初期并无完整数据建设，截至登录日只有 52 个案例可供参考，三例中两例与典型和指导性案例重叠，三例以外还有一例涉及刑事案件，本文不做刑事法查明的探讨。参见《最高法：全国法院域外法查明统一平台正式建立》，新浪网，2019 年 11 月 29 日，https://news.sina.com.cn/o/2019 – 11 – 29/doc – iihnzahi4235474.shtml。

型案例。同年，天津高级人民法院通报了 15 个服务和保障"一带一路"建设典型案例，江苏省高级人民法院发布服务保障"一带一路"建设十大典型案例。2019 年，山东高级人民法院发布 10 个服务保障"一带一路"和"上合示范区"建设典型案例。以上案例从司法视角关切"一带一路"建设中各领域创新发展的法治需求，对推进我国经济和法治良性发展具有积极意义。

反思这些极具代表性案件的审判工作，发现外国法的查明和适用、国际条约和惯例的恪守是不容忽视的关键性问题。而目前世界范围内相关学术观点和理论学说的莫衷一是，以及司法实务领域的聚讼不已既折射出外国法查明制度中的一般性问题，更引发涉"一带一路"案件外国法查明制度的反思与检讨。外国法查明制度设置本身的薄弱和操作过程的烦琐使得不少法官望而却步，也间接导致了法律规避和公共秩序保留制度的泛滥式使用，外国法查明制度的难解成为涉外案件司法判决中对法律选择结果的逻辑推理混乱不堪的导火索，是冲突规范难以实现法律关系当事人利益均衡的原因之一，更是通过法治软实力提高"一带一路"参与主体对我国投资和贸易环境好感度的瓶颈。

作为汇众智、聚众力的系统工程，"一带一路"建设离不开法治规则的"软联通"，有针对性的外国法查明机制的创新既关乎冲突法本身的完善，更对系统提升"一带一路"法治化水平，携手推进"一带一路"法治合作意义重大。为涉外民商事审判的外国法查明及准确适用提供坚实的理论基础和可操作渠道，是法学研究助力伟大构想的时代使命。

第一节 "一带一路"倡议下外国法查明的规则意义

《孟子·离娄上》中写道："离娄之明，公输子之巧，不以规矩，不能成方圆。"以规则为核心构建的合乎目的性的秩序世界应该包括三个方面：其一是具有一定禀赋、技能和品行操守的人及其行为目标；其二是这些人为达到共同理想和目标所采用的方法或手段；其三是由上述范围的人，采用上述既定的方法或手段作用于社会实践产生的合乎目的性的结果或者秩序。人类社会的存续和发展离不开行为规则，规矩或法度，规则成为在社会交往中将人的目的与特定的对象关联起来的中介或桥梁，只有形成统一制定、共同遵循的内在要求、构成条件和存在状态，才能构成合目的性的秩序世界①。"一带一路"是沿线国家以共同的发展任务和一致的利益诉求为基础建立的共同事业，追求的共享未来，其所提倡的共赢和联通在国家层面依靠的是方向引导和政策支持，在立法和司法层面则是依靠顶层制度的设计和完善，细化到国际私法，冲突规范负担着对接国内法和国外法的工作，而外国法查明规则是这一流程中最重要的环节。按照英国冲突法学者芬提曼教授（Fentiman）的说法：国际私法中外国法查明问题堪称最重要的问题，它甚至关乎冲突法本身的存亡②。

一、论证法的创新："规则"和"方法"融合的实践向度

国际私法是一个神秘而特异的存在。国际私法的理论框架和逻辑体系是在800多年前由大学学者在"象牙塔"中创设出来的，虽然历经数个世纪的发展，已经构筑起宏伟而精妙的理论大厦，收获了世人的无数赞叹和美誉，但是始终难以摆脱人们对其理论艰深难懂，专业术语晦涩，创设者们"博学而怪癖""阴郁而孤傲"的评价，甚至被比喻为"迷宫""充满摇颤的沼泽地"③，抑或是充满分歧和争议的"神秘事

---

① 张曙光：《实践哲学视阈中的规则与秩序》，载于《社会科学战线》2016年第7期，第1~2页。

② R. Fentiman：English Private International Law at the End of the 20th Century：Progress or Regress?，in Symeon C. Symeonides ed.，Private International Law at the End of the 20th Century：Progress or Regress Kluwer Law International，2000，pp. 187－188. 转引自丁小巍，王吉文：《论外国法查明中的当事人"未提供外国法"问题》，载于《天津法学》2016年第1期总第125期，第69页。

③ William L. Prosse，Interstate Publication，Michigan Law Review，1953，Vol. 51. p. 959，971.

物"①。国际私法因为过于突出的理论特质和品格，受到法官和律师等实务工作者的诸多冷落，在他们看来国际私法所主张的平等适用内外国法的理想，脱离实际的理论建构，精心设计的冲突规范体系都不过是曲高和寡和华而不实的空中楼阁。

进入 12 世纪，"意大利法则区别说"时期到来，在意大利出现的诸如威尼斯、热那亚和佛罗伦萨等商业城市通过商品经济的发展和市民阶层的权利斗争推动建立了城市共和国，也就是城邦，城邦国家纷纷建立了各自适用的法律制度，也就是城邦"法则"，城邦法则之间所产生的实实在在的法律冲突问题将国际私法从高高的神坛拉回到现实的地面，蜕变为具有可操作性的、有生命力的法。到了 16、17 世纪，进入"法国法则区别说"和"荷兰法则区别说"时期，伴随着法国资本主义工商业的发展，法国南部地中海沿岸各港口与西班牙、意大利和亚非一些国家因为频繁的商业贸易往来产生了法律冲突和法律适用问题，伴随着荷兰资产阶级革命的胜利，"国际法之父"胡果·格劳秀斯在《战争与和平法》一书中提出了"国家主权"的观念，提出了在国家关系和国家主权利益基础上探讨适用外国法理由的理论启示②。至此，国际私法从"学说法"阶段跨入"国内立法"阶段，自 18 世纪中叶开始到 19 世纪 70 年代，涉外民商事关系所涉及的社会生活领域广泛而深入，"学说法"阶段的国际私法的理论性指导已经无法满足涉外法律关系的实际需求，时间最早的 18 世纪末的《巴伐利亚法典》和《普鲁士法典》，对国际私法影响较大的 1804 年的《法国民法典》，以及后续的瑞士、奥地利、意大利、德国、西班牙和日本等国家的国内立法，都呈现了比较明显的集中化、系统化和全面化的发展态势。从 19 世纪末开始，国际私法进入第三个阶段，即国际立法阶段，资本主义的高速发展催生了更加多样化的涉外民商事关系，类似海牙国际私法会议这样的致力于统一

---

① 宋晓：《当代国际私法的实体倾向》，武汉大学出版社 2004 年版，第 2 页。

② 易国春：《国际私法的三个历史发展阶段：学说法、国内立法和国际立法——兼论市场经济与国际私法的历史发展关系》，载于《湖北经济学院学报》（人文社会科学版）2008 年第 5 卷第 1 期，第 96 ~ 97 页。

国际私法工作的国际组织陆续成立，以意大利的孟西尼为代表的一批政治家和法学家在理论与实践上积极倡导创设统一的国际私法规则，海牙国际私法会议缔结了一系列关于婚姻关系、监护关系、禁治产关系等方面的法律适用和管辖权的公约，美洲国家组织、联合国组织和欧盟组织也陆续开始了国际私法条约的立法工作，尤其是欧盟在 8 个成员国对合同债务的准据法问题做出约定的基础上制定的可适用于各成员国的《罗马Ⅰ规则》和《罗马Ⅱ规则》，为后续欧盟成为国际私法区域一体化的典范和地区性国际组织埋下了重要伏笔。

当然，在国际私法立法发展的这三个阶段中，并不存在立法状态和时间节点上的绝然对应，每个阶段只代表一个特定历史时期国际私法的突出性立法成就或者说国际私法立法的发展特征，比如，国内立法阶段和统一国际立法阶段就存在时间上的交叠，在国际立法阶段，国际私法的国内立法成果也非常显著，以亚洲主要国家和地区的立法成果为例，进入 21 世纪，韩国于 2000 年制定了《韩国国际私法》，日本于 2007 年制定了《法律适用有关的通则法》，中国于 2010 年制定了《中华人民共和国涉外民事关系法律适用法》（以下简称《涉外民事关系法律适用法》）等等。

国际私法的立法史绘就了一部恢宏的冲突法"规则"的进化史画卷，统一化运动和法典化运动造成了立法者立法信心的空前膨胀。但反观历史，规则的进步和发展虽然代表了对法律适用问题的发现和重视，但是规则的作用始终是有限的，法官并不能将规则当作直接解决准据法被准确适用问题的"自动售货机"①，依靠单纯的演绎推理并不能直接、有效地达成国际私法的目的，即使运用传统法律选择的三段论的演绎推理，冲突规范被作为大前提，具体的案件事实被视作小前提，准据法是法律选择的结论，但是无论在冲突法体系的建构和冲突规则的逻辑关系上投入多大的关注度，冲突规则的选择问题、冲突规则的理解问题、外

---

① 屈茂辉、张彪：《论类推适用的概念——以两大法系类推适用之比较为基础》，载于《河北法学》2007 年第 25 卷第 11 期，第 32 页。

国法的查明问题都不会迎刃而解，推理形式的有效终究不能替代推理前提的选择和推理结果的适用，推理过程的逻辑性和推理结果的合理性、可操作性、可接受性无法划上等号。

在国际私法学界瞩目的美国冲突法革命中，以哈佛大学的教授卡弗斯（Cavers）为代表的美国国际私法学者对传统国际私法理论提出了批判和变革的意见，其中卡弗斯在《哈佛法律评论》上发表的《法律选择的批判》一文中指出，传统冲突法更多地关心管辖权和适用法律的选择，并不关心被选择法律的内容，这就提出了一个国际私法中的重要问题，"我们应当要规则还是要方法"，其实规则与方法从法律论证的视角看不是对抗的，而是共生的，规则为"体"，方法为"用"，"体"的反思产生"用"之功能的需求，"用"之研究又促进"体"之完善，否定了作为"体"的规则等于否定了人类数个世纪关于冲突法的逻辑演绎的智识和创造，否定了作为"用"的方法则失去了将冲突规则从"应然"牵引至"实然"的路径，国际私法的理想状态不是"体"和"用"的非此即彼，而是"体"和"用"的融合互通，就是开辟一条建立在方法论基础上的国际私法规则的建构进路。

"规则并不必然是机械的、僵硬的，规则既可以因其内容而变得机械、僵硬，也可因其内容而变得自由和灵活。"① 对于规则和方法的探讨并不是说要动摇"冲突法的根基"，即便是在冲突法革命最激烈的美国也有两派观点，一派是以柯里（Brainerd Currie）为代表的对传统冲突规则的否定派，希望以方法代替规则，另一派是以卡弗斯和里斯（Cavers and Reese）为代表的对传统冲突规则的批判派，这一派并不否认规则的作用，只是在寻求变通之道②。而欧洲大陆则更为和缓地看待这场变革，并不主张将冲突规则完全摧毁，反而主张在传统僵化的冲突法中增加一些灵活的因素，用一些新的原则或规则来增加法律选择的张力和空间。那么无论是对于美国冲突法革命提出的将要适用的外国法规

---

① 葛仲彰：《规则与方法现代国际私法的价值取向—兼论中国的现实选择》，载于《长春理工大学学报》（社会科学版）2014年8月第27卷第8期，第52页。

② 韩德培：《国际私法专论》，武汉大学出版社2004年版，第18页。

范转化或者合并到本地法的"外国的内国规范"的方法，或者单纯的"政府利益"分析确定适用的法律的方法，抑或是融合和吸收了美国现代法律选择方法合理因素的另外的进路，都必须从法律选择的形式逻辑学的框架中释放出来，更多地考虑实体法的内容、立法目的和政策。

所以规则和方法的审察，就是跳出对传统法律选择方法的自我满足和仅仅引导法官智识性追求方法和技术的思维局限，在法律选择的规则基础上，通过更好地识别将法律关系定性到更适切的法域，通过合程序性的外国法查明制度对法进行逆向衡量，从而选取最适合适用当下法律关系的准据法，并进行准确的适用。外国法查明的价值对于整个冲突法变革的意义正是体现在法律"适用"的这一层面，以通常的法律选择论证过程的两种基本思路来讲，如果说冲突规范的三段论的演绎推理逻辑是法律选择正当化的内部证立，是具有"公理取向"的，不需要证明，也并不需要考虑法律选择中的对话机制的话，那么外国法查明的过程就是法律选择实用性和正当化的外部证立，是具有"论题取向"的，是需要结合具体案情进行复杂的个案分析和证明的，更加侧重论辩和听证的理论，强调法律选择的裁量性和方案的评价。在那些更加倾向规则的国家，查明是否存在应该适用的外国法，合理解释并适用，法官才能将外国法和法院地法等置于同一位置，并做出与外国法官相似的判决，而在那些一直逃离冲突法单一规则和公理体系限制并试图进行论题取向的法律选择论证的国家，外国法查明事实上为他们在大前提和小前提之间搭建一座合情合理的"本座"之桥提供了利益分析的现实可行性①。

继续引申外国法查明制度与冲突法从"规则"到"规则""方法"融合趋向之间的关联性思考，文中关于"方法"的探讨并不是狭义的法律选择，而应该是有助于实现国际私法目的的法的选择、法的解释和法的适用等全过程的综合"方法"。外国法查明从"规则"到"规则""方法"的融合的制度使命应该如何体现呢，其实就是从单纯的"法律

---

① 翁杰：《法律论证视野下国际私法之"规则"与"方法"的融合》，载于《河北法学》2016年第34卷第8期，第59~60页。

涵摄"到复杂的"法律获取"的转变。德国最具国际声望的法哲学家阿图尔·考夫曼（Arthur Kaufmann）提出过著名的"法律获取"的观点，狭义的法律获取就是指"法律适用"和"法律发现"，我们在这里并不考虑广义的法律获取所包含的立法的含义，只讨论狭义的法律获取，通常认为，法律适用是存在明确法律依据的情况下的法律涵摄，而法律发现是在案件存在漏洞的情况下需要法官进行创造性的司法活动来灵活处理案件的过程。考夫曼的法律获取理论建立在哲学诠释学的基础上，他认为法律的获取应该是主客体同时参与的过程，追求的目标也应该具有主体间性。按照他的理论，法律科学不具有自然科学类似的精确性，不能单纯地通过法律适用获取。法律适用的核心程序就是演绎推理，也就是涵摄①，涵摄的本质是通过大前提和小前提得出结论的三段论，这就又回到了传统冲突规则的逻辑，考夫曼反对坚信法的获取只涉及演绎的涵摄模式，因为涵摄模式下，准据法结果仿佛成为强制性规则建诸在某种特定事实构成下必然得出的客观的、一致性的结论，完成了这种规范与事实的对应关系的理性思维过程，法律适用就完成了，这代表了法官是可复制和替代的②。而事实上，外国法查明的前提虽然离不开涵摄的过程，但它的价值内核却不仅仅是法律适用或者发现，而应该是法律获取。

法律获取是理性和非理性相结合，强调规范与事实之间的双向调适的综合的方法论。诠释学本身是理性的，所以外国法查明制度必须建立在通过事实和规范之间的演绎化约为涵摄的准据法推论的基础上，但更重要的，还要在查明过程中进行更为复杂的比较和等置，这一过程往往包含"归纳""设证""类比"等程序。比如，"归纳"是个案中外国法查明规范的形成程序，涉及法官、当事人的责任分配，涉及具体的查明路径；"设证"，即前理解或者先见，以查明结果为出发点，通过不

---

① 涵射模式根源于 19 世纪的实证主义，该模式认为法律适用的唯一形式是将法律案件涵射于制定法规范之下。

② ［德］阿图尔·考夫曼：《法律获取的程序——一种理性分析》，雷磊译，中国政法大学出版社 2015 年版，第 26 页。

断循环和反复修正前理解得出的结果，最终达到正确性；"类比"是类似案件规范完全涵摄的外国法查明案件与待查明案件事实之间的相互比较①。科学的外国法查明不能依靠单纯的法律涵摄或者法律发现来获得查明结果或者裁判结果，否则就会丧失法律查明的机动性、多元性、多样化，以及丰富的人情裁量和价值评估。外国法查明应该如同法律选择过程的真实结构一样，从"存在"之领域探索至"当为"之领域，又从"当为"之领域反思至"存在"之领域，在规范和事实的反复调适中获得结论②。国际私法规则和方法的对立统一过程与外国法查明制度的发展始终相互因应，前者在法律选择问题上建立的复杂而精巧的理论大厦，必须依靠后者获得最有效的实践支撑。

二、历史的嬗变：从"冲突正义"到"实质正义"的多维观照

"正义是社会制度之首要价值，正如真理是思想体系的首要价值一样。"③ 这是罗尔斯（John Rawls）在他的名著《正义论》的首页所宣示的观点。对法之正义的话题人们一直乐此不疲地从古代、近代谈论至现代，人类的所有形式的法律认知活动和实践活动无一不以正义的价值追求作为动因和归宿，在对所有的法的价值准则和行为逻辑的论证、评判和矫正中，都无法回避法的正义价值的问题。国际私法以法的适用为核心，其所追求的正义就是法律适用上的正义，正义存续和贯穿于法律适用的各项制度之中，牵引和制约着国际私法的走向，内敛为国际私法的精神和灵魂。

美国统一法学的代表人物埃德加·博登海默（Edgar Bodenheimer）曾指出，"在冲突法领域，关乎公平和正义的一般考虑，在发展这一部

---

① 鲍晴：《考夫曼的法律获取理论研究》，南京师范大学法学院硕士学位论文，2020年，第21~22页。

② ［德］亚图·考夫曼：《类推与"事物本质"——兼论类型理论》，吴从周译，学林文化事业有限公司1999年版，第95页。

③ ［美］约翰·罗尔斯：《正义论》，何怀宏、何包钢、廖申白译，中国社会科学出版社1988年版，第1页。

门法的过程中起到了极大的作用"①。一般来讲，这里主要指的是冲突正义，古典乃至近代的国际私法，都偏向于追求"冲突正义"，可以说从自萨维尼（Friedrich Karlvon Savigny）时代以来，国际私法的主要的正义表征就是冲突正义，按照萨氏的"法律关系本座说"，涉外民事关系本座所在法域的法律即是案件最得当的准据法，这种空间牵引性和逻辑对应性下的可以保证判决结果稳定、一致并且可预见的法律适用就是冲突正义视阈的正义观，直到 20 世纪初被称为国际私法"危机"的美国冲突法革命席卷而至，出现了主张冲破冲突正义的价值羁绊，倡导追求个案公正的结果正义的新的正义观，法律选择和适用中的实质正义才开始得到诠释②。

在冲突正义中，体现了对于冲突法一般规则的普遍性的形式理性的追求，冲突正义的内容之一就是要求法律适用严格地按照冲突规范推演，确保含有涉外因素的民商事争议都能够依据与争议具有最"密切"或者最"适当"联系的国家的法律予以解决，这一部分的正义实现的前提是冲突规则具有技术性、普适性、明确性和合理性。但实际上，现实案件的涉外民商事纠纷中当事人的实际状况、生活境遇、社会关系、物质基础等条件各自不同，所涉及的法域的法律政策、法律释义也存在差异，同样的标准可能得出不同的结果，即使得出同样的结果也会产生实质上的不正义，这就是冲突正义和实质正义的两难境地。举一例说明，在英国这样的判例法国家，按照既往判例一类案件本应适用某一外国法作为准据法，但是因为法院并没有调查、证明和解释该外国法的职责，那么就可能出现法院纵然明知一方或者双方当事人存在对外国法理解的错误，也不会或者无法主动依职权纠正的尴尬③。这个案例就是典型的冲突法制约下的实质正义的舍弃，是两种正义之间的悖论，也是冲

---

① ［美］埃德加·博登海默：《法理学——法律哲学与法律方法》，邓正来译，中国政法大学出版社 2004 年版，第 466 页。

② 张丽珍：《国际私法中冲突正义与实质正义衍进之多维观照》，载于《社科纵横》2018 年总第 33 卷第 2 期，第 42～43 页。

③ 李双元：《国际私法正在发生质的飞跃——试评 20 世纪末的国际私法：进步抑或倒退》，载于《国际法与比较法论丛》中国方正出版社 2003 年版，第 36～70 页。

突法制度的根本缺陷，正因为如此，国际私法学者们才矢志不渝地寻求通过规则与方法的结合、制定统一实体法、采用直接适用的法等方案来弥补这一缺陷。当然，从结构性的思路上看，也不能因为冲突规范的简单机械性，就认定其与实质正义一定是背道而驰的，按照美国哈佛大学法学院西蒙尼德斯（Symeon C. Symeonides）教授所说"在面临冲突正义和实质正义的关系时，晚近国际私法的发展趋势给出了新的答案：在冲突正义与实质正义之间，不再面临'两者取其一'的困境"，又或者这种困境原本就不应该存在①。事实证明，各国都在对冲突规范进行机制和体制改革，促使包括外国法查明规则在内的整体冲突法秩序向更加平等、自由、公平、正义的实体性目标不断趋近。最终形成一种良好的制度格局，即实质正义是国际私法法律选择的根本的价值取向，冲突正义是传统国际私法的价值内核，通过将实质正义的精神内化至冲突正义的外化规则的途径，实现两者的言和及共生②。

在平衡冲突正义和实质正义的张力以及追求个案公正所形成的识别、反致、外国法查明、公共秩序保留等一系列法律选择的适用制度中，识别是法律关系的定性和指引、反致和公共秩序都是排除外国的实体法适用而使本国实体法得到适用的特殊保留机制，而只有外国法查明是在尊重冲突规范选法结果的基础上，试图证明该外国法之存在和内容的制度。外国法查明对于国际私法上的正义有以下两点影响：

第一，外国法查明制度是冲突正义之假设的程序保障。

理论认为，国际私法产生的原因有四个。首先，伴随经济发展的愈加频繁，涉外民商事交往过程中产生大量的涉外民商事纠纷，这是产生法律冲突的事实原因；其次，各国法律除了受到阶级本质的制约以外，不可避免地受到本国经济、政治、历史、文化和风土人情等社会因素的影响，从而产生不同社会制度国家的法律之间以及相同社会制度国家的

---

① Symeon C. Symeonides, Codifying Choice of Law Around the World: An International Comparative Analysis. Oxford University Press, 2014, p. 350.

② 徐冬根：《论国际私法的形式正义与实质正义》，载于《华东政法学院学报》2006 年第 1 期（总第 44 期），第 67 页。

法律之间的差异，这是法律冲突产生的制度原因；再次，司法权的独立与平等意味着各个国家有自己独立的立法体系和司法程序，并不受到其他国家的干涉，这是法律冲突产生的机构性原因；最后，国家间为了深化交往，发展对外经贸和民事关系，必须承认内外国法律的平等，并且在一定范围内承认外国法的域外效力，这是法律冲突产生的政治原因①。以上四点构成法律冲突产生的原因，也构成法律冲突得以解决的前提，其核心要旨是一国法律可以在另一个国家被承认和被适用。进一步说，冲突正义是建立在某种假设的基础上，就是法院地法和外国法在受案法院能够得到同等的对待，或者说被选择适用的外国法能得到如同在本国法院适用时同等的对待，进而，该案件的法官使用该外国法能够作出与外国法官相同的判决。如果内外国还能就该涉外民商事关系使用同样的冲突规范的话，那么，这样的结论将会成立，案件的当事人无论在内国还是外国提起诉讼都会得到相似的或者一致的判决结果，这一点是理想设计中的国际私法理论模型的初衷和目标。因此可以说，如果没有外国法查明制度，内外国法的平等性就无从谈起，而国际私法制度将永远存在理论假设之中。

关于这个论证思路还有一点需要补充，解决法律冲突的基本方法有三类：一类是间接调整方法，通过冲突规范调整法律冲突，包括制定国内或国际的冲突规范两种；还有一类直接调整的方法，也就是通过统一实体法，以有关国际间双边或多边的国际条约和国际惯例来直接确定当事人的实体的权利义务。在这些方法中，直接调整方法不可能覆盖所有的涉外民商事关系，因而并不具有普遍适用性，而对于国内的冲突规范而言，外国法查明的程序显然有助于实现准据法指定的目的，将冲突正义的虚构主义做实；那么，最后一类，就是统一国际私法，如前文所述，为了克服国内立法的法律适用原则和政策不同所导致的判决结果不一致等问题，出现了国际统一的冲突法规则，比如海牙国际私法会议拟定的冲突法规则的相关公约，但是如果按照公约指引需要适用某一国家

---

① 李双元、欧福永主编：《国际私法》（第五版），北京大学出版社 2018 年版，第 5 页。

的法作为准据法，而各国对这一准据法的论证、理解存在较大偏差，相关的外国法和国际公约的适用制度不能协调配合的话，冲突法的统一化仍将只存在于理论之中。

第二，外国法查明制度是实质正义实现之具体路径。

冲突正义的核心是期望相同的案件可以得到平等的对待，这在国际私法规则的制定上就是实现"管辖权选择"上的平等，对于同一类涉外民商事关系就要用相似的法律和制度公正和一贯地适用，也就是要求普遍性规则的统一适用，着重在于一种权利的分配，至于法律中的实质是什么，并不是冲突正义所在意的。而实质正义说的是实体法制度本身的正义，强调分配性决定或者策略的实际结果，也就是内在公正。冲突正义是一种手段，而实质正义才是真正的目的。如果说外国法查明制度已经在冲突正义实现的阶段发挥了重要的程序性保证的作用的话，那么在由形式走向实质的向度中，外国法查明更是直接成为实质法价值衡量的重要程序性工具。虽然美国冲突法革命的变革性思路并没有被欧洲大陆传统国际私法全盘接受，但是其对传统冲突规则的价值盲目性的思考的批判却在一定程度上纳入了各国的法律选择中①。

在美国冲突法革命中，越来越多的州突破规则，向方法寻求法律之解放和实质之正义的过程中，采取了更为灵活的方法。比如，卡弗斯（Cavers）的"优先选择原则"②、柯里（Currie）的"政府利益分析说"③、莱弗拉尔（Leflar）的"法律选择五点考虑"以及麦克唐格尔（McDougal）的"最好法律"等理论④。受到美国实质正义观的影响，奥地利颁布的国际私法法典《奥地利联邦冲突法规》中体现了结果的

① 谭岳奇：《从形式正义到实质正义——现代国际私法的价值转换和发展取向思考》，载于《法制与社会发展》1999 年第 3 期，第 80 页。

② "依案件取得的结果决定法律的选择说"由美国学者凯弗斯于 20 世纪 30 年代提出，这种主张在考虑法律选择的过程中充分参考了各国实体法规则的公正性。

③ "政府利益分析说"由美国学者柯里教授首创，将对政府利益和政策的分析引入到法律选择过程，这引导法官在法律选择的过程中对法律的实质内容投入更多关注，有利于案件的公平合理的解决。

④ 徐冬根：《论国际私法的形式正义和实质正义》，载于《华东政法学院学报》2006 年第 1 期（总第 44 期），第 69 页。

政策导向的思想，该法典第 22 条关于"非婚生子女"准正的适用法就选取了"更有利于准正的法律"①。20 世纪初，法国学者皮耶（Pillet）在其社会目的分析说中也提出，在对法进行选择适用的过程中必不可少的要对法律创设之初的社会目的进行分析，尤其要考虑法律中所体现的国家和政府政策。在《有关遗嘱方式法律冲突的海牙公约》规定里，关于遗嘱条款方式的条款中规定了"成立地""住所地""惯常居所地"等五个地域的法律，也就是说如果存在外国法，法官必须依次考察五个法域的实体法，从而找到能使遗嘱方式有效的最合适的法。上述做法意味着，外国法查明不仅仅是当冲突规范指定外国法作为准据法时，才能发挥作用，外国法查明作为一种综合的方法，甚至被引入实质法价值考量的冲突规范的前置程序之中，利用查明的过程对可能作为准据法的各个法体系进行调查和比较，不论是"优先""政府利益"，还是"最好法律"这样的理论实际上都是某种阶级立场下对实质正义的权衡。而在"一带一路"涉外案件的外国法查明工作中，正义的价值目标体现得更加明显，因为查明工作大量涉及的是我国政府与沿线国家签订的双边、多边条约或者是当事人选择适用的国际惯例，以及在基础设施建设、能源资源合作、国际投资贸易、金融保险等领域的沿线国家的内国法，不论是对于冲突规范的强制性或者任意性的思考、还是准据法的具体适用都熔铸了一国统治者的正义观念的指导，而以上正义的实现是离不开外国法查明制度的，查明的效果直接决定判决的结果、当事人意志的实现以及权利义务的分配②。

三、空间的交叉：基于"冲突法体系"和"诉讼法体系"的双重建构

关于外国法查明问题的诸多学术探讨中，素来有关于外国法之性质

---

① 李双元：《中国与国际私法统一化进程》，武汉大学出版社 1998 年版，第 53 页。
② 董琦：《论我国外国法查明制度的完善》，载于《东南学术》2017 年第 4 期，第 162 页。

是"法律"还是"事实"的争议，并有学者将此界定和外国法查明责任分配进行了逻辑上的对应：如果将外国法定性为事实，就由当事人举证，如果将外国法定性为法律，则由法官依职权查明，关于这一问题本书也将在后文做更深层次的理论分析和探讨。这里想引申的意思是这种单纯地将外国法之"法律"归入法律或者事实说中去的理论推导理论的做法，具有严重的忽视司法实践的倾向。事实上，外国法查明除了是冲突法体系上最重要的制度之外，也具有诉讼法体系上不可忽略的价值。冲突法理念、目的和程序性价值目标以及相互作用对外国法查明制度中的责任分配、查明路径、不能查明的解决方案都具有决定性的影响。外国法在起诉、举证和质证阶段，更接近于待证事实，在法庭辩论、裁判、上诉等法律适用阶段，外国法就具有了裁判法的性质，这说明外国法是具有"阶段性特征"的①。但不管在任何阶段，实际上都具有明显的民事诉讼程序的构造特征。因此，外国法查明如果完全沉浸于冲突体系建构那看似完美的理念而无视诉讼主体的程序利益需求的话，就会陷入法官和当事人的"共谋"，沦为空谈。

在《涉外民事关系法律适用法》出台之前，在我国，实际上外国法非法，囿于"法官知法"范围的限制，对于涉外案件所涉及的所有外国法律，法官不一定也不可能全部知晓，所以，除了本国法官熟悉的法律可以予以认知外，一般并不对法官知法进行强求②。这种看法自然为司法实务界将外国法查明责任作为当事人举证责任的内容提供了更多的合理化依据，既符合强化当事人责任而弱化法官证据收集权的民事诉讼制度的改革，也可以在一定程度上满足民事诉讼的程序效率的价值需求。然而，《涉外民事关系法律适用法》出台以后，该法第十条规定："涉外民事关系适用的外国法律，由人民法院、仲裁机构或者行政机关查明。当事人选择适用外国法律的，应当提供该国法律。"此设计明显采用了一种职权主义的诉讼程序构造，这与我国国际私法学界同行的最

---

① 葛森：《程序法视角下的外国法查明问题》，载于《西部法学评论》2019年第1期，第52页。

② 叶自强：《司法认知论》，载于《法学研究》1996年第4期，第24、26页。

新看法是一致的，就是并不必要对"法律"和"事实"做明确区分，而应以"以事实为依据，以法律为准绳"为原则，尽量或者必须查清所适用的外国法，由当事人提供外国法的部分也不成为法官自由裁量权的范畴，这部分是法律赋予当事人的查明义务。显然我国现行立法有意回避了外国法查明之法律的性质问题，但其实立法上的选择并不代表制度安排上完全放弃了对外国法查明在冲突法体系和诉讼程序体系中的深刻勾连作用的探讨，而只是全球性理解下的冲突法规则的一种"地方性解读"。我国立法的观点更偏重于务实，与其陷入事实说和法律说的抽象理论建构的无法自我印证的逻辑轨道中，不如根据涉外法律关系的不同性质，厘定当事人和法官的查明责任和权利界限，采用具体的查明路径和法官不履行职责的救济程序。毕竟不管是当事人举证还是法官职权查明，其无法解决之根本缺陷都是查明能力的不足，查明程序的规范性和对查明效果的监督能力差的问题，当事人负有查明义务的，因无法举证，法院会适用国内法，法官依职权查明的，查明不能，法院依然是适用国内法，"回家去"倾向究其实质，是法院未能适用外国法从而损害当事人基于法律适用结果的一致性和可预见性寻求公平正义价值的程序性失当。

程序是法律的生命，现代法语境下，法律规范向社会渗透依靠的关键媒介就是程序。程序正义是法治由规范状态向现实状态转化的重要环节，程序法追求实现的目标为程序公正，通过外国法查明责任的承担、查明的方法、外国法的论证、外国法的适用、专家查明制度以及无法查明的处理等具体制度设计体现法律程序公正的外在价值和内在价值。

外在价值强调程序工具主义。评价一项法律制度的好坏最直接的标准就是看它对于实现良好结果的有效性。如果外国法查明制度通过一系列规则的设定实现了内外国法律适用的平等，并实现了外国私法的域外效力的国际私法目标，那么它就具有了程序性价值。比如，我国《涉外民事关系法律适用法》第十条在将职权查明具体阐释为"人民法院、仲裁机构或者行政机关"的三机关时，就是从程序的视角进行了富于层次感和针对性的有效设计，为有效查明上了多重保险；再比如，2017年发布的《最高人民法院关于为自由贸易试验区建设提供司法保障的意

见》中对外国法查明也设置了不同条件下可交叉的多种路径①，这种分阶段、分情况将过程控制权交给不同参与人的方法使得外国法查明的程序目标更具有真实性和有效性。

另外，外国法查明制度也彰显了一种程序设计的内在价值。内在价值强调程序本位主义，法律程序不仅是作为实现实体结果的手段，它本身也应具备一些独立的价值品质，即程序的德行，包括程序公正、程序透明、程序中立和听取相对方意见等②。外国法查明有利于实现程序公正，在"一带一路"外国法律环境的评估中，专家发现有些国家比如东南亚的新加坡、马来西亚以及中东欧的一些国家法律制度相对比较稳定，但是其他大部分国家法律法规杂乱无章、透明度差、执法和司法的任意性程度很高。尽管如此，我们仅能在与沿线国家就金融、贸易和投资等方面的法律政策进行交流和对接的过程中，更好地平衡资源分配，而不能在规则设计上厚此薄彼，这是程序公正的要求，也是功能稳定性的要求。合理的程序也一定关切相对方意见，也就是重视相对人的防卫权，外国法查明制度中一般也融入了这种设计，关注程序中立和相对方意见的交换环节，不论采取哪种查明路径，法官都需要进行法律真实性的认证，即对当事人双方或者未参与举证的相对方的质证意见进行审查，这个过程需要法官不偏不倚。

作为国际私法的重要制度，外国法查明永远不可能脱离冲突法规则而单独存在，否则就会成为无本之木，无源之水，但是如果能暂时抛弃"事实"和"法律"的定性之争，着眼于冲突法抽象的功能和价值目标，以问题为导向，以生成外国法适用的不同进路为依据，以实务上的

---

① 参见《最高人民法院关于为自由贸易试验区建设提供司法保障的意见》第十一条："建立合理的外国法查明机制。人民法院审理的涉自贸试验区的涉外民商事案件，当事人约定适用外国法律，在人民法院指定的合理期限内无正当理由未提供该外国法律或者该国法律没有规定的，适用中华人民共和国法律；人民法院了解查明途径的，可以告知当事人。当事人不能提供、按照我国参加的国际条约规定的途径亦不能查明的外国法律，可在一审开庭审理之前由当事人共同指定专家提供。根据冲突法规范应当适用外国法的，人民法院应当依职权查明外国法。"

② Piero Calamandrei：Procedure and Democracy, New York：New York University Press, 1956, pp. 1-10.

要求和诉讼经济上的考察为基础，对该制度进行多层次的诉讼程序模式的开放性设计，将成为应对现实问题的实效之策。

四、价值的融合：兼顾"正义"与"效率"的二元衡平

程序正义与冲突正义的两组维度上，外国法查明的思考其实都涉及一个核心问题，就是围绕法之正义的价值，传统法学理论一直"将正义作为社会制度的首要价值目标"①，然而，孤立地研究某一种价值，或者某几种价值，而不寻求价值之间的联系，是找不到事情的最优解决方案的。法学关注公平与正义问题，往往无法实现社会稳定秩序的最优解和社会福利的最大化，经济学追求效率的实现，却容易忽视稀缺社会资源的公平分配。法学与经济学的内在缺陷和功能互补促使法经济学产生并逐渐发展，法经济学对于重新诠释法学和以经济学研究方法优化立法和司法实践具有不可替代的作用。

重新厘定冲突法中的正义和效率的关系对于实现国际私法价值判断和价值选择，进而减少制度设计和立法政策上的失误具有重要意义。按照西蒙尼德斯教授（Simonides）所说，"回溯到萨维尼和斯托里（Story）的时代，传统国际私法理论建立在一个前提假设的基础之上"，那就是确保适用于各类法律争议的国家的法律与该争议存在"最适当"的联系②。事实上，全球化时代对于冲突法的价值标准的要求更加多维，对于萨维尼时代提出的国际主义抱负的评价、判断和追求，除了正义的标准，也应该有效率地考量。尤其是外国法查明制度，充分实现效率和公平正义的内在一致性，准据法确定是正义的体现，而外国法查明将这一正义目标具体落实的过程不仅仅是对正义本身的追逐，也充分寻求效率目标，恰当的法律适用配合有效的法律查明，成为一种更高层次的公平。波斯纳（Richard Allen Posner）的"比较管理优势说"为我们

---

① 约翰·罗尔斯：《正义论》，何怀宏等译，中国社会科学出版社1988年版，第1页。

② Symeon C. Symeonides：Codifying Choice of Law Around the World：An International Comparative Analysis，New York：Oxford University Press，2014，p. 246.

呈现了外国法查明更多的效率目标之端倪，波斯纳认为冲突规范对于效率的追求主要体现在减少司法错误和司法系统运行成本，可以理解为在选择法律过程中通过灵活的方法选择适当的法律，此为第一重效率；当准据法是外国法的时候，这种"管理优势"则体现在以最低的查明成本，对查明责任主体以及多种相关查明资源作出有效配置的查明方式，这里的效率标准应是实现资源配置的"实质合理性的目标"，进一步说就是正确选择准据法前提下，不给任何一方造成不合理之负担的最经济且有效的查明安排，此为第二重效率①。

外国法查明制度设计本身也体现了公平和效率的和谐统一。

首先，纯粹的冲突规范设计是具有理想主义色彩的，虽然有利于内外国法适用平等的实现，但是实际上，如果最后的选择结果是外国法，要想在法院地得到适用就会面临很多障碍甚至是阻力，公共秩序保留和外国法查明往往成为各国对冲突规范设置的"安全阀"。理论上讲，如果不顾及时间和金钱成本，多数案件涉及的外国法是可以被查明的，但是司法实务中的"无法查明"却比比皆是。究其原因：其一，政府利益因素，是内国为了防止外国法适用损害本国利益的排除适用行为。其二，法官的自由裁量，是内国从诉讼成本视角所作的最后的矫正和补救。美国国际私法学者艾伦茨威格（Ehrenzweig·Albert A.）的"法院地法学说"毫不掩饰美国人对法院地法的疯狂热衷，也将英美国家的冲突规范的"归乡情节"发挥到了极致，历史上，英美国家对待外国法查明问题的消极态度从婚姻、买卖合同等诸多案件的判决中可窥一斑，明明是显著具备外国法因素的案件的判决，但外国法却从未被准确或者积极查明②。这未尝不是政府利益的选择和法官自由裁量过程中的懈怠或者过度追求效率的结果。其三，当事人的自我选择，纵然制度设计很完美，但是当事人囿于经济因素怠于使用，导致案件无法查明，最终适

---

① 按照波斯纳的理论，所谓"管理优势"是指实现资源配合实质合理性的目标。参见朱莉：《管辖权、法律选择方法与规则的经济学分析》，法律出版社 2008 年版，第 35～40 页。

② Richard Fentiman：Foreign Law in English Courts：Pleading, Proof, and Choice of Law, New York：Oxford University Press, 1998, pp. 20－33.

用法院地法的结果。不论是哪一种成因，冲突规范和外国法查明事实上构成了两种独立的法律选择机制，在能够积极查明外国法的情况下，两者达成了对权利关系公平分配的一致，而在援引查明不能而适用法院地法的部分情况，外国法查明制度因为公平基础上的效率兼顾被迫放弃外国法适用。

其次，各国的外国法查明的具体设计中也有效率因素的融入。比如，我国的《涉外民事关系法律适用法》第十条规定，"当事人选择适用外国法律的，应当提供该国法律"，显然这里划定了一个法官职权查明的释放区域，在各种各样的涉外案件中，没有任何人比当事人双方更加可能熟悉当事国的语言、文字和法律条文，如果教条且事无巨细地都由法官承担查明责任，就会出现公平和效率天平的倾斜，按照案件具体情况的分工合作才是公平和效率的平衡。不仅限于我国，关于外国法查明责任的分配，英国、德国和美国同样具有代表性，英国主张由当事人证明外国法的内容，法官不得主动调查收集证据，必须保持中立地位，并且在涉外民商事案件审判中，英国也逐渐对适用陪审团审理案件的传统进行了限制，原因是陪审员浪费了大量的个人时间，与现代社会追求诉讼效率和降低诉讼成本的初衷相违背。美国的联邦法院系统在坚持当事人承担外国法查明责任的同时，又比较灵活地允许法官从各个渠道获取资料，事实上美国的法官可以自行调查外国法的内容，只不过法官很少主动收集，更愿意接受当事人提交的证据。德国法官虽然依照职权查明外国法，但是可以参照当事人提供的各种资料，多数大陆法系国家都采用职权查明制度，当事人不承担查明外国法的责任，但却往往主动提供一些资料帮助法官完成查明工作，司法实践中法官也基本都会向当事人提出要求合作。可见，无论是英国式和德国式的典型的当事人举证和法官查明，抑或是美国式的灵活的查明制度，归根结底都不排斥甚至非常鼓励当事人和法官在查明外国法的过程中展开积极有效的合作。两大法系基于冲突法基本理念的矛盾为何会在外国法查明制度中得以调和，究其实质，还是在效率的价值目标上归于一致。

最后，效率目标和正义目标在国际私法中的比例和关系除了取决于法体系本身的影响，也受到时代和环境的影响。如果说传统冲突法考虑的更多的是正义和公平目标，那么服务于国家特殊历史时期的外国法查明制度则会相对有意向经济和效率目标倾斜。从工具的功能来看，外国法查明制度在实现正义和效率的选择中不应该被过多地赋予道德性义务，而应该以经济和效率为制度设计原则，尤其是在外国法查明方法和途径的分配上。比如，专家证言或者习惯证明书等查明方式的成本如果相对于要达到的目的而言是不合理、不经济的，我们就可以认为这种查明方式是没有效率的。但对于涉"一带一路"案件而言，外国法查明制度背负了更多的政府利益因素和司法功能因素，必须同时兼顾到"一带一路"倡议对外国法查明提出的更高的制度保障要求和外国法查明合作要求。只有保障了相关外国法查明案件法律适用上的公平和公正，才能更好地服务相关战略的实施，那么就意味着司法系统可能要付出的比一般案件更多的查明成本和代价，甚至应该有立法设计上的单独配置。这其中就包括外国法查明途径的多元化，从司法手段、外交手段和社会资源等多角度对沿线国家法律资源进行有针对性的纵深的评估和调查，这不仅仅是具体案件的要求，更是整个国家政策导向的要求。

第二节 "一带一路"倡议下外国法查明的 战略价值

在传统国际私法中，外国法查明是关乎国际私法生死存亡的重要制度。到了现代社会，也有学者提出伴随着互联网和现代信息共享技术的发展，法官知法不再不可为，外国法查明制度可能走向式微[1]。相对应的，也有学者提出为适应我国对外开放及加入 WTO 等新形势的要求，"外国法的性质和其证明问题"成为"法院在审理涉外民商事案件中可能遇到的与外国法有关的问题的重要方面""人民法院不仅要适用中国

---

① 李双元：《国际私法学》，北京大学出版社 2000 年版，第 241 页。

法，还要适用外国法"，外国法查明成为法院可以平等适用中外法律的关键①。笔者认为，不论信息技术如何发展，时代如何进步，外国法查明制度都不可或缺，所谓查明在于"查"和"明"，这其中不仅包括法官和当事人功能划分的民事诉讼程序构造，还包括有智识的人对冲突法语境下查明程序蕴涵的多重价值目标的追求，以及不同类型案件中的外国法具体适用的解读，外国法查明制度不仅不会失去"一席之地"，反而会随着时代的发展萌发新的生机。全球经济新形势下，中国已经成为世界第二大消费市场，第一贸易大国，新一轮高水平对外开放进程中，"一带一路"与海洋强国战略高速推进，区域合作日益密切，自贸区建设持续拓展，准确、高效查明外国法作为基础性工作，对于提高我国司法公信力和在"一带一路"背景下加强我国涉外法治保障，进而完善中国特色社会主义法治体系有相当程度的影响。这是在经济战略对接同时的法律政策的联通，对于消除沿线各国中外当事人涉外交往中的法律疑虑，对于整个"新丝绸之路经济带"和"21世纪海上丝绸之路"愿景的实现，甚至于建立新的国际民商新秩序都是具有战略价值的。

一、有利于持续优化"一带一路"法治化营商环境

"一带一路"所提倡的共赢和联通在国家层面依靠的是方向引导和政策支持，在立法和司法层面则是依靠顶层制度的设计和完善，细化到国际私法，冲突规范承担着对接国内法和国外法的工作，外国法查明则是这一流程中最重要的环节。

（一）平等保护各国当事人合法权益

在越来越频繁发生的"一带一路"相关案件的审理中，都会涉及法律冲突和法律选择问题，按照冲突规则，部分案件可能会面临外国法

---

① 李旺：《涉外案件所适用的外国法的查明方法初探》，载于《政法论坛》（中国政法大学学报）2003年第21卷第2期，第180页。

适用的问题，外国法查明成为法院和仲裁机构不可回避的必要环节，而由于"一带一路"案件所涉及的沿线国家数量较多，资源和禀赋各有不同，文化和宗教自成体系，利益需求自然也就呈现出多样化。并且案件往往涵盖了贸易法、投资法、海商法、合同法、侵权法等大部分的民商事领域，查明的数量和专业性也会同时增加。司法实践中，如果出现了对具有强制适用性的冲突规范进行任意适用，查明不准确、程序拖延或者不当增加了当事人的诉讼成本，以及没有尽力查明就适用本国法等规避外国法适用的所谓"对制度的制度化拒绝"等实际情况①。那么，势必会让当事人感觉到同样的案件在我国得到的是与适用外国法作出的判决不一致的结果，要么直接阻碍当事人的权利取得，要么违背当事人进行民商事交往的最初目的，这不仅不利于中国与沿线国家进行正常的民商事的交往，更背离了我国国际私法平等保护各国当事人合法权益的基本原则。

也可以从另外的角度看外国法查明平等保护中外当事人的合法权益，那就是意思自治。意思自治是国际私法的灵魂，民商事法律关系双方当事人都是平等的主体，我国《涉外民事关系法律适用法》关于外国法查明的规定赋予了当事人选择解决法律纠纷准据法的权利，尊重当事人意思自治既是充分尊重当事人私权利处分权和法律适用选择权的表现，也是提高外国法查明问题解决效率的具体手段。"一带一路"背景下，效率和公平是必须同时兼顾的，既要让当事人在"每一个司法案件中感受到公平正义"，落实社会主义法治的要求，但是也要考虑到法官人数有限，案件数量庞大，司法机关压力沉重，通过意思自治引流一部分外国法查明工作进而提高工作效率，将法律的正义价值、司法资源的高效配置、当事人的诉讼参与度和体验感等要素进行综合权衡，找到"一带一路"背景下合理构建外国法查明制度的着力点。这样才能更好地以多种方式共同推进外国法查明制度的完善，消除"一带一路"沿

---

① ［美］罗伯特·默顿：《社会研究与社会政策》，林聚任译，三联书店2001年版，第86页。

线国当事人在国际贸易往来中的法律疑虑，使得国内外的公司、自然人都有信心参与到"一带一路"的伟大建设中来，打造公平的营商环境。

（二）为"一带一路"建设提供司法保障

"一带一路"司法保障体系中的外国法查明制度体现了"平等性""开放性"和"透明度"的构建原则。

第一，"平等性"。作为"一带一路"司法保障中最重要的一环，外国法查明制度的独特意义在于它可以通过规则设置实现一种弹性的法律适用，实现对外国法适用的抑制或者扩大，大部分国家会选择对其进行抑制，因为这有助于扩大内国法的域外效力。具言之，在涉外案件中，冲突规范即使确定适用外国法，但是也可能遭到国际私法过滤机制或者是安全阀门的阻挠，包括公共秩序和外国法查明制度，前者以"主权"为名，后者以"无法查明"为名，但是是否真的无法查明、无法查明的结果是基于手段穷尽的查明不能还是只是面临高成本选择的放弃，或者根本就是有意为之，这都有待商榷[1]。也就是说，不同的外国法查明机制映射着不同的法政策，要么是扩大内国法适用的，要么是强调内外国法平等的。而在"一带一路"建设中所要求的配套保障机制，外国法查明制度必须是强调内外国法平等的，在最高院关于法律服务"一带一路"的《最高人民法院关于人民法院为"一带一路"建设提供司法服务和保障的若干意见》[2]（以下简称《为"一带一路"建设提供司法服务和保障的若干意见》）中，全文七次提到"平等"，包括"平等保护中外当事人合法权益""坚持各类市场主体的诉讼地位平等""法律适用平等""法律责任平等"等要求。应结合现有的制度安排，拓宽外国法查明路径，充分发挥社会主义集中力量办事的优越性，有效结合高科技和互联网取得新时代背景下的外国法查明新实效。当然，平

---

① 董立坤：《国际私法论》，法律出版社2000年版，第92页。
② 最高人民法院：《最高人民法院关于人民法院为"一带一路"建设提供司法服务和保障的若干意见》，2015年7月7日发布，最高人民法院网，http://www.court.gov.cn/fabu-xiangqing-14900.html。

等并不是单方面的，也不是依靠牺牲自己国家的司法主权或者通过让渡内国法的域外效力换取的，"一带一路"司法保障的有序推进，必须持续精准地在中国特色社会主义法治的框架下运行，对于外国法查明制度我们要实事求是，合乎法理也要合乎国情，紧紧围绕社会主义法治建设的理论和实践，不能因为怕承担排斥外国法适用的"罪名"就放弃使用外国法查明的弹性调节功能。不是所有案件都适合按照当事人意思自治来选择法律，要严格依照法律规定进行法律选择。外国法查明的另一个向度的功能体现在，对于《涉外民事关系法律适用法》没有规定的涉外民商事法律关系应该依照冲突理念由法官裁量出"最适合"的法，对于涉及国家重大经济利益的事项，应该严格监督和把控外国法的适用，防止外国法查明制度对纠纷的利益再分配过程中出现偏差，如果查明外国法的内容或者适用结果与本国的重大利益、基本政策、基本道德观念、法律的基本原则相抵触，就必须拒绝或者排除该外国法，或者拒绝提供司法协助。因此，外国法查明制度的"平等的司法保障"既是对外国当事人的，也是对本国当事人的；既有私利益的处分，也有公共利益的维护；既有针对具体案件的，也是冲突规则、查明制度和公共秩序保留制度间成体系的。

第二，"开放性"。《为"一带一路"建设提供司法服务和保障的若干意见》第7条"积极查明和准确适用外国法"所确立的积极查明思路同时也是开放、包容和多元的。从目前已有的外国法查明制度的建设来看，立法层面，多元化的外国法查明方法的制度模式已经初步建立；司法层面，拓展查明渠道，专家查明程序，运用大数据、云计算和移动互联网技术搭建外国法查明平台，法官外国法查明的培训等工作都有所加强，涉外民商事审判指导性案例以及涉"一带一路"案件的指导性案例工作也都在建设中；社会层面，由社会资本运营的第三方法律查明平台越来越多的在相关案件中解决了司法资源不足的困境，法院、司法局和科研院校在法律查明规则研究、确立外国法查明规则以及共同推动外国法查明机构的建立和运营等方面展开了深入的合作，所集聚的更多的优质法律服务资源，为当地"走出去"和投资"一带一路"国家的企业提供了商事纠纷调解等综合的涉外法律服务。

第三，"透明度"。透明度是"一带一路"建设司法保障机制构建中的一种程序要求，对于外国法查明制度而言主要是国内法律的透明化问题，"法不公开不为法"，沿线国家多数都是新兴国家和发展中国家，法治化程度并不完全与我国对等，如果不建立统一的透明司法制度，会给贸易和投资活动带来很大的法律风险①。为了切实发挥外国法查明工作的重要作用，为"一带一路"建设提供有力的司法服务和保障，除了保证严格查明流程，公正履行查明职责，平等保护中外当事人合法权益以外，更要努力营造稳定、公平、透明的法治化营商环境。司法公正正在以一种看得见的方式呈现，依法安排查明职责，公开查明渠道，规范质证程序，尽可能多地让当事人参与到查明过程中，对于查明内容有据可查，对适用法律有疑可申，以大国司法的公信力彰显新时代大国的司法担当。

二、有利于完整构建"一带一路"国际商事争端解决机制

2018 初，中共中央全面深化改革领导小组会议审议通过了《关于建立"一带一路"国际商事争端解决机制和机构的意见》（以下简称《国际商事争端解决机制和机构的意见》）。该意见旨在以国际商事法庭为机构载体，以国际商事专家委员会为智力支持，建立调解、仲裁和诉讼"三位一体""有效衔接"的多元化纠纷解决机制，形成简便、快捷、低成本的"一站式"争端解决中心，为"一带一路"建设参与国当事人提供优质高效的法律服务。按照文件部署，同年 6 月，最高人民法院第一国际商事法庭在广东省深圳市揭牌办公，基于推动粤港澳大湾区建设的独特区位和辐射"海上丝绸之路"的重要经济支撑带的地缘优势，"第二国际商事法庭"，于古代丝绸之路的起点陕西省西安市设

---

① 石佑启、韩永红、向明华、王燕、杨崇棱：《"一带一路"法律保障机制研究》，人民出版社 2016 年版，第 37～38 页。

立，对于依法妥善解决涉陆上丝绸之路经济带的国际商事纠纷具有不可替代的历史文化和现实优势，两机构的建立为不断促进国际商事审判体系和审判能力的现代化革新，优化审理机制和审理程序，贡献了"中国智慧"，提供了"中国方案"。

围绕着《国际商事争端解决机制和机构的意见》展开的"一带一路"国际商事争端解决机制的构建中，外国法查明被当作了重点工作。一方面，采用共商共建共享原则，充分尊重当事人意思自治协议选择本国法或者认为适当的、熟悉的第三国法律作为准据法的权利，只要当事人的选择符合法律规定，同时并不对我国公共秩序和基本政策构成抵触，法院就不会排除适用，鼓励通过智慧法院和外国法查明中心形成参与国法律数据库体系，这一点也与我国《涉外民事关系法律适用法》规定所呈现的积极、开放的外国法查明态度相一致；另一方面，《国际商事争端解决机制和机构的意见》进行了一项重大制度创新，即成立国际商事专家委员会，在审理当事人间的跨境商事纠纷过程中需要适用外国法时，委员会可就如何适用外国法提供专家意见，委员都是精通"一带一路"沿线国法律的专家，不仅可以接受国际商事法庭的委托主持调解工作，同时也比一般的法官和仲裁员在解释国际商事交易规则和查明适用域外法律方面更具专业性和优势①。

最高人民法院宣布聘任的首批国际商事专家委员会的 32 名专家委员，分别来自不同国家、不同地区和不同法系，其中，不乏精通国际贸易法、国际投资法和本国法的专业功底深厚、实务经验丰富的法学专家、知名学者、资深法官和律师，更有深谙国际商事交易规则的世贸组织、亚洲国际仲裁中心等重要国际机构的享誉世界的负责人。

国际商事专家委员会对外国法查明工作可以起到以下几点促进作用：

第一，作为一个多元化、代表性、高水平、独立化的国际化争端解

---

① 沈倩：《"一带一路"商事争端解决机制新发展》，载于《检察日报》2019 年 10 月 16 日，第 3 版。

决机制平台，顶级专家本身就构成一个庞大的法律智库，可以就不同法系的成文法和经典案例进行研判，更能有效地查明，并准确地解释适用外国法解决纠纷矛盾，而且也有利于强化司法协助，促进对适用外国法后裁判结果的互相承认和执行，委员中不少专家也有机会参与到 WTO 国际规则的改革中，能够利用掌握的第一手关于投资争议的新条约和新公约的信息帮助改进国际条约和商事惯例的适用工作。

第二，国际商事专家委员会对于宣传优越的中国社会主义法律和制度，提高中国司法公信力也是功不可没。当今世界，中国是国际化元素中不可或缺的浓墨重彩，境外专家可以负责解释域外法律，而中国专家也可以就国内立法的适用发表独立、公正的意见，在这个过程中把中国争端解决纳入全球争端解决中去，形成更广阔的国际视野、国际胸怀和国际思维。

第三，这样的平台也会促进国内司法在外国法适用上进行更多的跨国性努力。我国已经成为推动世界法治发展的一股非常重要的力量，但是在一些重大的问题上我们还是有很大的提升空间，比如，1961 年由国际组织在海牙签订的《海牙关于取消外国公文书认证的公约》，该公约为此特殊目的签订，即对于"与一国法院或法庭有关的机关或官员发出的文书""行政文书""公证书"在内的文件，一国承诺愿意取消其需经外交或领事认证的程序，这对于涉外案件所涉及的信息资料的交换和认证意义重大，该公约目前已经有超过了 100 个国家和地区加入，包括中国香港地区。

三、有利于不断加强国际法治合作

"一带一路"作为全球公共产品，跨越多地域、多文明和多法系，是一个开放包容的世界平台，外国法查明制度体现了"一带一路"法治建设中对外国法文化的接纳和法效力的认可，对于促进国际民商法的协调与融合，减少法律冲突，增进国际互信与合作，推动国际法治新秩序的建立都具有重要意义。

（一）从"法律冲突"到"法律共享"的法治命运共同体的初建

20世纪90年代到21世纪初的20多年间，世界的多元化政治格局凸显，中国国家领导人以宏大的时代变迁为历史背景相继提出了一系列的国际关系新构想，包括以追求人类和睦、国际社会和平、人与自然和谐为目标的"和谐世界"①，以相互尊重、互利共赢的合作伙伴关系为核心特征的"新型大国关系"②，以合作共赢为核心、打造人类命运共同体为途径，以为国际关系的发展提供新理念为目标的"新型国际关系"③等理念，惠泽于历届领导集体的智慧，守正创新，传承至今。2013年9月，习近平主席在哈萨克斯坦纳扎尔巴耶夫大学发表了重要演讲，并提出了加强"政策沟通、道路联通、贸易畅通、货币流通、民心相通、共同建设丝绸之路经济带"的战略倡议④。2013年10月，习近平主席在印度尼西亚国会发表重要演讲，提出中国将投身加强同东盟国家的互联互通建设事业，与东盟国家缔结海洋合作伙伴关系，共建"21世纪海上丝绸之路"⑤。至此，"一带一路"倡议推动建设"人类命运共同体"的思路全面走入世界视野。

---

① 2005年9月15日，于联合国成立60周年首脑会议第二次全体会议上，时任中国国家主席胡锦涛发表题为《努力建设持久和平、共同繁荣的和谐世界》的演讲，首次提出"和谐世界"理念。时任中国国务院总理温家宝也在其他场合就该理念内涵作了密集阐述。"和谐世界"外交理念，是中共领导集体关于国际政治、对外关系的认知的集中体现，主张追求"以开放包容的思维，追求人与人之间的和睦、国与国之间的和平、人类与自然的和谐，通过对话与合作谋求共存共赢"。

② 2011年1月中美两国元首就建立相互尊重、互利共赢的合作伙伴关系达成共识；次年2月，时任的副主席习近平访美，提出构建"前无古人，但后启来者"的新型大国关系倡议，落实两国首脑关系；随后，中美战略与经济对话在北京进行，构建中美"新型大国关系"成为主题。

③ 2014年底，习近平主席提出构建以合作共赢为核心的新型国际关系。该主张不仅是对联合国宪章宗旨和原则的承继与发展，更是对传统国际关系的超越和创新。

④《国家主席习近平2013年9月7日在哈萨克斯坦纳扎尔巴耶夫大学发表题为〈弘扬人民友谊 共建美好未来〉和重要演讲》，2013年9月7日，中国文明网，http：//www. wenming. cn/specials/zxdj/xjp/xjpjh/201601/t20160106_3070388. shtml？COLLCC=81168845&。

⑤《习近平：中国愿同东盟国家共建21世纪"海上丝绸之路"》，2013年10月13日，新华网，http：//www. xinhuanet. com//world/2013－10/03/c_125482056. htm。

当今世界人类关系从未像现在这样紧密，对美好生活的向往从未像如今这般强烈，应对困难的手段也从未像今天这般丰富，但与此同时，发展赤字、治理赤字、信任赤字、和平赤字等不稳定因素比比皆是，国家和地区矛盾加剧，贸易保护主义倾向抬头，"逆全球化"思潮涌动，"崛起国与守成国冲突"的新问题和老问题层出不穷，人类面临的全球性问题的数量之巨、规模之大、程度之深前所未有。何去何从？继续固守己见，为一己之力恶性竞争甚至演化成两败俱伤，引发地区性和全球性危机；还是顺应全球治理大势之内在规律，推动政府间政策对接，整合经济资源和要素，形成发展合力，众志成城应对挑战，深化全球性协作，"一带一路"法治化建设正是后一种思路。"一带一路"的法治保障机制虽然是中国特色社会主义法治体系的重要组成部分，但是它在根植于本国核心利益的同时，也以推动构建互信互利、合作共赢的新型国际关系和人类命运共同体为最高目标，兼顾沿线国的基本利益，在考虑到沿线国经济发展水平、法律文化习俗、政治法律秩序等诸多差异和冲突的前提下，保证"一带一路"建设中重要问题的法律供给，参与并引领全球法治治理，充分体现中国现代化法治治理能力。

"一带一路"解决的是不同种族、不同信仰、不同文化背景的国家在政策制定、设施规划、贸易往来、资金融通、政治目标、经济发展、人文交流等方面发展不平衡和发展冲突的问题，最终的目标是以人类共同文明和地理遗产为载体，建立对话机制，生成权责共担的共同体意识；传统国际私法聚焦冲突规范设计和外国法查明安排归根结底是解决各个国家的管辖权冲突问题，划分国家立法管辖权的界限，划定一国内国法在外国发生效力的边界，最终重构话语体系规则，建立国际法共同体思想。在这一点上"一带一路"建设和国际私法体系建构是有一致性的，但是却也有根本不同。国际私法所依赖的思想基础是西方单一主义哲学的思维模式，从萨维尼（Savigny）的法律关系本座说到美国的利益分析学说，其实都未从根本上摆脱国家法律间非此即彼的单一性思维定式，罗马帝国时期的查士丁尼《民法大全》开宗明义："……出于自然理性而为全人类制定之法则受到所有民族的同样尊重，称为万民法，因为一切民族都适用它。"① 蕴藏其中的赋予万民法普适性的野心是西方国家以后漫长历史岁月中对待东西方法律和文化冲突的态度，在不少西方学者眼中，包括国际私法规则在内的先进的立法只能普及于受到基督教义影响的民族地区，解决东西方法律冲突的办法并不是融合，而是排斥或者法律移植。戴西（Dicey）和莫里斯（Morris）的《论冲突法》是推动了当时各国国际私法理论发展的最重要的传世之作，因为该书的著述，黛西享誉国际，而也正是这位学者明确表示，"冲突法规则仅适用于基督教国家间，冲突法理论只解决基督教国家间的法律冲突"②；英国的另一位冲突法知名学者在他的著作中也直言不讳，"有一些国家的思维和方法和我们相去甚远，比如中国和土耳其，所以他们和我们之间不可能存在同一套国际私法制度，他们的法律和判决无法跨国得到承认和执行，国际私法制度的一般规则只适用于基督教国家之间。"③ 类似的言论也在欧洲的其他国家出现过。

回溯中国历史，西方国家以废除治法外权为条件逼迫中国清政府整顿本国律例，以期与西方律例保持一致，清政府矫枉过正，导致颁行的法典全盘拿来主义的西化④。20 世纪初，民国政府颁布了我国近代第一部西式国际私法法典，参照日本国际私法制定了《法律适用条例》，企图获得西方世界的认可却不能遂愿。直至今日，有学者做过统计，改革开放后的数十年里，美国法院援引中国法律的案例仅为 100 多件，而且包含不少中国移民纠纷，而同期引用德国法和法国法的案件却分别为 1600 多起和 2000 多起，这是否包含了西方国家对社会主义法律制度的深深的误解和歧视尚且不便妄言，但是，至少可以肯定在西方世界的

---

① 查士丁尼：《法学总论——法学阶梯》，张企泰译，商务印书馆 1989 年版，第 7 页。

② A. V. Dicey：Conflict of Laws，Stevens and Sons，1896，p. 639.

③ J. Westlake：A Treatise on Private International Law，7th ed.，Sweet&Maxwell，1925，p. 51.

④ 原台湾东吴大学法学院院长吴经熊先生曾如是评价："就新民法从第 1 条至第 1225 条仔细研究一遍，再和德意志民法和瑞士民法和债法逐条对照一下，倒是有 95% 是有来历的，不是照账誊录，便是改头换面。"吴经熊：《新民法与民族主义》，载于《法律哲学研究》，清华大学出版社 2005 年版，第 172 页。

"国际法共同体" 内，从未为我们留有一席之地，也并不打算倾听来自东方的声音①。

现如今，随着贸易方式和通信方式的变革，各国人员、财产、经贸、文化的交流已经融为一体，不可分割，私法如果继续受到国家主权强弱博弈的干扰并且和公法混为一谈，法律冲突只会越来越激烈，单纯地为了实现实体正义的冲突法思路，反而会背离最初的目标，越走越远，因为无论多么完备的冲突法规则都无法具有普适性。对一个法院最适合的法律可能在另一个法院却是最不该适用的，对一个案件当事人是公正的法律，在另一宗相似的案件中却可能变得无法让人接受，所以，在 "一带一路" 倡导的具有深厚东方文化内涵的 "人类命运共同体" 思想的指导下，中国的国际私法理论应该冲破西方冲突范式的藩篱，不仅通过 "规则和方法" 进行 "法律冲突" 的解决和选择，更要通过 "意识形态" 的甄别进行 "法律共享" 的对话和合作。"一带一路" 案件的外国法查明制度，一方面，于意思自治中充分融入了共商原则，在当事人已经就准据法作出选择或者需要补充协商的情况下，无论是来自哪个国家，哪个法系的当事人都可以有权利平等进行对话，阐释自己关于自己国家法律文化的理解和选择，法院也在磋商、协调和裁决的过程中主动行使释明权，与当事人一起完成查明工作；另一方面，共通原则代替唯一适用法，"一带一路" 案件往往涉及多国法律的冲突，唯一性准据法不再作为冲突解决的束缚，可以冲突正义、实体正义和程序正义为标准，在各冲突的法律中寻求共同价值和中和方案，达到各方利益均衡。

（二）合作共赢下的国际民商新秩序的建立

目前，实务界和理论界就 "一带一路" 建设法治化的必要性已经达成初步共识，构建实施一个用以建立和维持国际合作的法律保障机制

---

① 杜涛：《从 "法律冲突" 到 "法律共享"：人类命运共同体时代国际私法的价值重构》，载于《当代法学》2019 年第 3 期，第 150 页、第 158～159 页。

成为我国发展新型国际合作的重要探索。"一带一路"法治合作国际论坛于 2018 年 7 月在京召开，与会学者围绕"一带一路"沿线国的法律制度、法律文化、法治发展水平、往来及贸易中涉及的诸多法律问题，以深化国际立法、执法和司法方面的合作交流为内容，探讨如何建立一体化的法律框架和规范原则，建立更富公平性的贸易、投资和争端解决规范，构建相关国际法治合作的长效机制。

在追求"国际法治合作"和"区域法治治理"的过程中，外国法查明工作并不是单独存在的，而是无处不在的。它涵盖政府、社会、经贸、人文交往的各个阶段，是"调解与诉讼对接、调解和仲裁对接、调解和公证对接、线上和线下对接、国内与国外对接、民间与官方对接"的桥梁和纽带①。

第一，以区域共享之价值凝聚更为牢固的"一带一路"法治合作共识。人类世界经历数个世纪的发展，受到意识形态的影响，受到不同国家发展水平和国情的制约，闭塞、隔绝、分歧和对立不可能很快弥合消除，但是基于共同发展的需要，可以平等相互交流和吸收的领域在不断扩大，尤其是国际统一私法以及国际惯例的快速发展，不少国家在接受和习惯性适用之后不断致力于将其中的部分内容转化为国内法，将国际法律转化为各国一致、普遍的社会实践。对于"一带一路"建设的外国法查明工作，一国之努力是不够的，国家间的交往使得国家的法律利益呈现一种正相关性，所以外国法查明工作必须是建立在国家主权平等基础上的在全球范围内更有效地实现调节国际社会关系功能的冲突法规则框架之内，以区域共享的价值、观念和共同利益为依归，以实现法律正义为导向的长期工程。

第二，以"和而不同"之秩序观探索更高质量的"一带一路"法治合作内涵。外国法查明制度具有静态上"和"与"同"，动态上守正和创新的辩证关系。"一带一路"所追求的政治和法治秩序从来不是弱

---

① 高扬：《"'一带一路'外国法查明（西南）中心"将在成都建立》，央广网，2019 年 5 月 22 日，http://china.cnr.cn/gdgg/20190522/t20190522_524622823.shtml。

"一带一路" 倡议下外国法查明的困境突破和制度设计

化国家主权的，也不是超越单一国家利益的所谓"共同利益"，在外国法查明工作上，讲究的是最终各国国内法基础上的相互政策、规则、标准和机制的"和"和"同"。一方面是长期交往所形成的实体法趋同；另一方面，就是更深入地开展外国法查明的国际合作，传统国际合作中查明外国法的方式有两种，一是通过使领馆查明外国法，二是通过司法协助查明外国法，但如果按照《最高人民法院关于贯彻执行〈中华人民共和国民法通则〉若干问题的意见（试行）》（以下简称《〈民法通则〉若干问题的意见》，已废止，下同）第 193 条①的规定则有五种具体的查明路径，除了第一种"由当事人提供"之外，"由与我国订立司法协助协定的缔约对方的中央机关提供""由我国驻该国使领馆提供""由该国驻我国使馆提供""由中外法律专家提供"等途径都可以在"一带一路"国家之间形成合作化的规则联通。从静态辩证关系看，上述"和"和"同"的状态存在三组辩证统一的关系：其一，不同道但能和谐有序，"一带一路"法治建设的一个显著走势就是削弱不同社会意识形态对法律的影响，不断加强法律的普遍的社会性质和功能，区域性合作和发展不是任何一个阶层、任何一个阶级或者任何一种社会制度所能独自支撑和实现的，要想充分发挥法律规范人的行为的作用，组织更强有力和广泛的社会力量进入到维护人类和平和实现可持续性发展的伟大事业中来，必须形成一种各自承认和尊重的秩序，从而找到冲突下的和平共存；其二，不同步但和洽共赢，"一带一路"建设司法保障措施其实是想通过一系列共享、共商、共赢的规则和政策安排更好地促进国际贸易、投资秩序和涉外民商事、海事海商和国际商事海事仲裁案件和诉讼案件的裁判工作，这项工作中，应充分考量沿线不同国家当事人文化、法律背景的差异，积极查明和准确适用外国法，以贯彻法律平等原则为前提，加强沿线国的国际私法协助，积极探索加强区域司法协助

---

① 2021 年 1 月 1 日，《中华人民共和国民法典》正式施行。2020 年 12 月 29 日，最高人民法院印发《关于废止部分司法解释及相关规范性文件的决定》（法释〔2020〕16 号）第 7 条规定：自 2021 年 1 月 1 日起，废止 1988 年 4 月 2 日印发的《最高人民法院关于贯彻执行〈中华人民共和国民法通则〉若干问题的意见（试行）》，下同。

的路径，形成良性的互惠关系；其三，不同源但是和睦共生，"一带一路"涉外案件所涉及的外国法虽然来自不同法系和历史文化背景，分歧和对立不可能根本消除，但却也存在着某种程度的共通和共融，为了适应共生的需要，解决不同国家的国内法冲突和抵触已经成为各国政府的默契，这一共识，不仅大大促进了国际立法活动的发展，各国法律文化也在涉外民商事审判的具体工作中相互交流和吸收，美国法学家博登海默曾说："任何值得被称为法律制度的制度，必须关注某些超越特定社会结构和经济结构性相对性的基本价值。"① 他强调基于人性的共有成分，人类与生俱来在自我设计以外重视合作和联合努力的必要性，这其实也是民商法主体的私法规范日益成为法制的基础以及国际社会本位观念不断提升的缘由。必须通过外国法查明这样的具体制度建立一种新的，平等的区域法律伙伴关系，号召各国加强国际合作，逐步加强国际社会法律发展的协调性②。从动态辩证关系看，外国法查明制度的发展和整个国际私法发展存在一种更新和变革的意义，各国的司法平衡的秩序不是凝固、僵化的稳定，而是在更新中求得协调，从国内法制建设来看，我们不仅应该通过内外国法平等的制度技巧达成一种差异但平衡的沿线国法制生态群落，而且也应该不断寻求立法和司法的革故鼎新，尤其是根据国内社会、区域社会和国际社会的新矛盾提出新的查明方法和路径，充分利用信息化技术和大数据平台，加强"一带一路"沿线国法律查明的效果。

第三，凝聚高质量发展之共识确立更高定位的"一带一路"法治合作目标。"一带一路"共建倡议不仅仅是沿线国家重建区域经济、文化、法治、社会治理和生态文明的历史机遇，更是各国以合力参与全球治理的伟大实践。在这一过程中，国际私法规则是实现稳定发展的必要前提，各国有责任以公开、透明、便捷、互通为原则，加强构建"一带一路"建设司法保障的顶层制度设计，以信息技术为载体，坚持创新驱

---

① ［美］E. 博登海默：《法理学——法哲学及其方法》，邓正来、姬敬武译，华夏出版社 1987 年版，前言。

② 何志鹏：《国际法治论》，北京大学出版社 2016 年版，第 195 页。

动，建立和完善多边联合工作机制，拓宽司法查明渠道，形成新试点、新范式，形成可复制可推广的外国法查明经验和模式，推动各方遵循国际私法和国际关系基本准则，积极参与相关国际规则的制定，提升"一带一路"国家司法的国际话语权。

第二章

"一带一路"倡议下的法律风险识别和
外国法查明趋势

  "一带一路"的法律风险识别和外国法查明应对策略必须是建立在时代、历史、理论和实践逻辑的中国式表达基础之上的客观分析和判断。

  从时代逻辑的角度看,联合国明确提出:法治是一项所有个人和机构皆对公开制定、平等执行和独立裁判的法律负责的治理原则,它要求遵循法律优先、在法律面前平等、对法律负责、公平适用法律、法律确定等原则①。作为最具权威性的全球代表,联合国对法治的表述蕴涵着全球范围法治理念和价值的核心要素趋向一致的时代特点。当今社会除了多边体制,我们对"一带一路"的法治体系构造越来越依赖区域一体化的法律制度以及与中国核心利益相契合的国内制度的建设,中国只有迎合"一带一路"具体需求和关切,在国际事务的法律问题处理中充分发表自身观点、阐述自身立场、呈现中国法治主张,才能更好地引领"一带一路"建设发展。

---

  ① UN. Report of the Secretary – General on the Rule of Law and Transitional Justice in Conflict and Post – Conflict Societies,S/2004 /616,23 August 2004.

从历史逻辑来看，"一带一路"倡议下的一切法制制度建设必须总结中国共产党加强法治建设历史经验的必然要求，不能盲目跟从。过去的很长一段时间里，中国并未存在单独和有完整体系的国际私法法典，外国法查明内容散见于《中华人民共和国民法通则》（以下简称《民法通则》，已废止，下同）、《合同法》（已废止，下同）、《海商法》和《继承法》中①。实务中对外国法查明问题适用的操作大多由司法解释来完成，再加上各地法院具体操作和理解相差悬殊，《涉外民事关系法律适用法》颁布以前，外国法查明问题处于比较混乱的状态。所以，必须充分结合中国探索法治建设的历史背景，总结中国特色社会主义法治建设的基本经验，才能更好地针对"一带一路"外国法查明需求制定理论化、系统化的外国法查明策略。

从理论逻辑来看，作为一项具体法律制度，外国法查明在与"一带一路"对接的过程中，必须符合创新马克思主义法治思想的内在要求。众所周知，马克思主义的最高贵的理论品格之一就是与时俱进，不断识别新的法律需求，发现新的现实问题，作出新的理论创造。外国法查明制度，应该在全面借鉴中国传统优秀的法治思想的基础上，承袭中国化马克思主义理论关于法治建设的重要内容，系统总结和全面创新"一带一路"外国法查明工作的现实情况和经验进行创新创造。

从实践逻辑来看，实践是一切理论的源头。继续作为一门抽象艰深的理论存在的国际私法已经不能适应"一带一路"建设的具体需要了，只有全面总结 2013 年倡议提出以来的相关法治实践经验才能深入回应法治建设实践难题从而形成更重大的理论创新成果。到目前为止，我国的外国法查明制度建设已经取得了很大的突破，一些新手段和新方法有效解决了涉外民商事、海事案件中的一些突出问题，但是在立法、执法、司法和诉讼程序等方面依然存在不少薄弱环节，面对许多"难啃"的硬骨头，法治理论的发展赶不上法治实践的跨越式进步，所以不从

---

① 2020 年 5 月 28 日，十三届全国人大三次会议表决通过了《中华人民共和国民法典》，自 2021 年 1 月 1 日起施行。《中华人民共和国民法通则》《中华人民共和国继承法》和《中华人民共和国合同法》同时废止，下同。

"一带一路"建设的实践需要出发就无法充分诠释"一带一路"的法治逻辑和自身逻辑①。

第一节 "一带一路"倡议下的法律风险识别

"一带一路"的外国法查明的常态化指导机制和规则体系必须建立在"一带一路"相关案件的专项统计分析的基础之上,研判各类法律风险的特点和规律,有针对性地结合建设中的司法需求,提出前瞻性的应对策略。评估企业"走出去"到其他国家投资的风险,既包括法制完备程度、依法行政程度和司法独立程度等宏观的法律环境,也包括该国是否有完备的外商投资法律、劳工政策和外汇政策及税收政策等具体的部门法立法情况,特别应该考察东道国是否设有自由贸易区和配备了相关的优惠投资政策,综合考察以上因素从而大体识别一个国家的法律制度环境,不仅是企业进行对外投资的判断依据,也是外国法查明工作的研判依据。

参考"一带一路"沿线国家法律风险防范指引的相关内容②,根据世界银行历年发布的《营商环境报告》的相关数据③,考虑营商环境指数、开业成本情况、建筑许可审批情况、企业经营电力成本、财产登记制度健全情况、银行信贷政策、公司股东受保护情况、税收体系健全程度、执法成本、国际贸易情况以及企业退出的成本和信保评级等方面的

---

① 白清平,杨志强:《深刻认识习近平法治思想的生成逻辑》,载于《陕西日报》2020年12月23日,第6版。

② 《一带一路沿线国家法律风险防范指引系列丛书》是按照"一带一路"沿线国家为分类的系列丛书,由《一带一路沿线国家法律风险防范指引》系列丛书编委会编写,由经济科学出版社出版。该书展现了一带一路沿线国家投资、贸易、工程承包、劳务合作、财税金融、知识产权以及争议解决等领域的法律制度和法律风险,是"一带一路"倡议下法律风险识别的第一手资料。

③ 世界银行:《营商环境报告》,最后访问时间2022年1月19日,https://chinese.doingbusiness.org/zh/reports/global – reports/doing – business – 2020。

综合表现, 列出如表 2-1 所示①。

表 2-1   "一带一路" 沿线 54 个国家的贸易投资法律风险分析

区域	国家	法律制度	基础设施	执法成本	营商环境指数	贸易投资风险
东亚	蒙古国	不完善	落后, 交通设施落后, 经营成本高	低	67.8	相对较高
东南亚	新加坡	完善	完善	相对较高	86.2	低
	马来西亚	相对完善	完善	低	81.5	低
	印度尼西亚	相对完善	相对落后	高	69.6	贸易风险较低, 投资风险高
	缅甸	不完善	相对落后	高	46.8	高
	泰国	相对完善	相对完善	相对较低	80.1	低
	老挝	不完善	不完善	相对较低	50.8	高
	柬埔寨	不完善	不完善	高	53.8	贸易风险高, 投资风险较低
	越南	不完善	不完善	高	69.8	相对较高
	菲律宾	基本完善	不完善	高	62.8	高
西亚	伊朗	基本完善	相对完善	相对较低	58.5	贸易风险高, 投资风险较低
	伊拉克	不完善	落后	相对较低	44.7	高
	土耳其	相对完善	相对完善	低	76.8	相对较低
	叙利亚	稳定	受破坏严重	高	42.0	高
	约旦	相对完善	相对完善	相对较高	69.0	相对较高
	黎巴嫩	不完善	不完善	相对较高	54.3	相对较高
	以色列	完善	完善	相对较低	76.7	相对较低
	巴勒斯坦	不完善	落后	相对较低		高

---

① 归纳整理方法参考以下著作。崔海燕、于振芳 (浙江金道律师事务所): 《"一带一路" 宏观及国别法律风险识别》, 载于中国涉外律师领军人才: 《涉外律师在行动 "一带一路" 法律实务特辑》, 法律出版社 2016 年版, 第 11~14 页。

续表

区域	国家	法律制度	基础设施	执法成本	营商环境指数	贸易投资风险
西亚	沙特	不完善	完善	相对较低	71.6	相对较低
	也门	完善	落后	相对较高	31.8	高
	阿曼	不完善	完善	相对较低	70.0	相对较低
	阿联酋	完善	完善	低	80.9	低
	卡塔尔	完善	完善	相对较高	68.7	相对较低
	科威特	相对完善	相对完善	相对较低	67.4	贸易风险相对较低，投资风险相对较高
	阿富汗	不完善	不完善	高	44.1	高
	格鲁吉亚	相对完善	相对完善	低	83.7	贸易风险较高，投资风险较低
	塞浦路斯	相对完善	相对完善	相对较高	73.4	贸易风险较高，投资风险较低
非洲	埃及	不稳定	不完善	高	60.1	贸易风险高，投资风险较高
南亚	印度	基本完善稳定	不改善	高	71.0	贸易风险较低，投资风险高
	巴基斯坦	相对完善	不完善	相对较高	61.0	贸易风险较高，投资风险较低
	斯里兰卡	不完善	相对完善	高	61.8	贸易风险较高，投资风险高
	马尔代夫	相对完善	基本完善	相对较低	53.3	较高
	尼泊尔	不完善	不完善	高	63.2	高
中亚	哈萨克斯坦	不完善	相对完善	低	79.6	相对较低
	乌兹别克斯坦	基本完善	不完善	低	69.9	贸易风险较高，投资风险较低
	塔吉克斯坦	相对完善	不完善	相对较低	61.3	相对较高
	吉尔吉斯斯坦	相对完善	不完善	相对较高	67.8	高

续表

区域	国家	法律制度	基础设施	执法成本	营商环境指数	贸易投资风险
东欧	俄罗斯	相对完善但不稳定	相对完善	低	78.2	相对较低
	乌克兰	不稳定	相对完善	相对较低	70.2	高
	摩尔多瓦	相对完善	相对完善	相对较低	74.4	贸易风险较高，投资风险较低
	拉脱维亚	相对完善	相对完善	低	80.3	相对较低
中欧	波兰	相对完善	不完善	相对较低	76.4	相对较低
	捷克	相对完善	完善	相对较低	76.3	相对较低
	斯洛伐克	相对完善	相对完善	相对较高	75.6	相对较低
	匈牙利	相对完善	相对完善	低	73.4	相对较低
南欧	斯洛文尼亚	相对完善	相对完善	相对较高	76.5	较低
	克罗地亚	相对完善	相对完善	低	73.6	较低
	黑山	不完善	不完善	低	73.8	较低
	塞尔维亚	相对完善	不完善	较低	75.7	较低
	阿尔巴尼亚	相对完善	不完善	较低	67.7	贸易风险较高，投资风险较低
	罗马尼亚	相对完善	不完善	高	73.3	较低
	希腊	不完善	不完善	较高	68.4	较高
	马其顿	相对完善	不完善	低	80.7	低

说明：营商环境指数主要列举世界银行《2020年营商环境报告》。

再从法律的专属视角分析常见的企业"走出去"到"一带一路"沿线国家投资的几类风险：

一、劳务纠纷的法律风险

伴随着国际社会对人权的关注，劳工标准已经逐步渗透国际投资和国际贸易法领域，劳工权利保障成为各国国家任务和企业的社会责任，虽然在劳工立法方面，绝大多数"一带一路"沿线国家都制定了保护本国就业的劳动法规，但劳工问题依然层出不穷，可能引发的法律风险包括四类：第一类，因没有充分重视所在国特有的民族问题、宗教问题、风俗问题和性别问题，因侵害劳工的平等劳动权，触犯反歧视相关的法律等进行不平等招工行为所要面临的行政罚款等处罚；第二类，工会运动的兴起加重了企业面临的劳资纠纷压力，投资国如果不了解所在国法律赋予工会的权力，或者未能与当地工人及工会形成和谐关系，可能会面临罢工和抗议的风险，再加上，个别西方国家利用国家政治力量干预劳工问题引发政治化风险，都会影响"一带一路"建设的整体推进；第三类，如果触犯所在国的劳动法关于雇工待遇和福利保障方面的规定，企业可能面临处罚、诉讼，甚至并购失败等风险；第四类，当企业对雇用人员进行裁减或调整时，如果不遵守所在国关于裁员流程、裁员补偿和裁员条件等方面的法律，也极容易触发劳资纠纷①。

二、直接投资产生的法律风险

第一，就是市场准入。市场准入是"一带一路"国家的政府间为了开放并进入彼此市场而对各种进出口贸易采取的限制措施或者承诺，具体表现为关于鼓励、准入、优先、限制、禁止外商投资的领域和行业的一系列规定。目前有些国家具有较好的营商环境，比如，新加坡作为早期的"亚洲四小龙"之一，深受英国法律制度影响，具有比较完备和发达的投资法律制度，同时为外国投资者提供了大量融资优惠、便捷监管、税收激励、低廉租赁服务等政策②。再如，白俄罗斯在投资市场准入的行政审批制度方面也有比较详尽的规定，通过投资法、自由经济区法和外汇管理法等规范外商投资的管理程序，设定鼓励措施和税收优

---

① 李玉璧、王兰：《"一带一路"建设中的法律风险识别及应对策略》，载于《国家行政学院学报》2017年第2期，第79页。

② 《一带一路沿线国家法律风险防范指引》系列丛书编委会编：《一带一路沿线国家法律风险防范指引》（新加坡），经济科学出版社2017年版，第80页。

惠等内容①。当然，源于国家意识形态、国家利益和经济安全等因素的考量，多数沿线国也会对外国投资者设定诸多限制措施，要么由所在国政府和委派机构参与合营企业的经营，并掌握合营企业的重大决策权，要么会在国内法规定合营企业中外国投资者的投资范围和持股比例。比如，按照 2014 年 11 月修订的《俄联邦关于外资进入对保障国防和国家安全具有战略意义的商业组织程序法》的规定，俄罗斯对于外国投资者进入具有国防保障和国家安全战略意义的经济组织资本金或者获得具有类似意义的商业组织的财产，在达到法定份额或者条件时要求根据具体情况预先获得批准或者同意。再如，虽然印度尼西亚第 39 号总统令再次修改和调整了《禁止和有条件开放的投资行业目录》，降低了一些行业中外资股权比例，开放和增加了一些行业中的外资比例，但是由于印度尼西亚总体的法律立法和实施情况并不理想，投资法关于限制外商投资的领域表述存在模糊，国家部委、通讯部、卫生部等部门的部长命令还在法律以外设定了更多的限制，导致投资者无所适从②。如果不在涉外交往中做好对相关投资法律法规的全面地、充分地调研，对各国复杂的国内法环境进行深入了解，就会产生市场准入方面的法律风险。

第二，就是汇率和承兑风险。汇率风险是在对外投资过程中会产生的因汇率变动造成的风险，东盟很多国家因为采用浮动汇率政策，同时受到美国和欧盟国家的影响，往往汇率波动幅度很大，比如，"2007 年菲律宾比索兑美元升值幅度达到 19%，飙升为亚洲最强劲的货币，可是到了 2008 年却经历大幅贬值，2012 年比索兑美元稳步升值，受到美国经济复苏和量化宽松政策退出的影响，2013 年下半年比索兑换美元一度创下 44.75 的新低纪录。"③投资者如果不能密切关注并积极寻求

---

① 《一带一路沿线国家法律风险防范指引》系列丛书编委会编：《一带一路沿线国家法律风险防范指引》（白俄罗斯），经济科学出版社 2017 年版，第 31 页。

② US Commercial Service，Doing Business in Indonesia，2011 Country Commercial Guide for U. S. Companies，Charper 6，Openness to Foreign Investment.

③ 商务部国际贸易经济合作研究院、商务部投资促进事务局、中国驻菲律宾大使馆经济商务参赞处：《对外投资合作国别（地区）指南之菲律宾》，2020 年 11 月 12 日最后访问，http：//www.gdqy.gov.cn/qysfj/gkmlpt/content/1/1306/post_1306335.html#275。

规避汇率风险的途径，就会遭受到投资或者贸易上的损失。承兑风险是因外汇管制措施造成的投资风险，这个方面"一带一路"国家各有不同，新加坡、印度尼西亚、马来西亚和菲律宾等国家施行相对宽松的汇兑政策或者直接没有外汇管制，而柬埔寨、老挝等国家的外汇进出需要向有关部门申报。贸易双方在计价或付款时，可能会产生外汇转移、汇率变动或者外汇管制等风险，如果一国发生政治或者经济上的重大变故时，这种风险也会随之增大。

第三，就是跨国并购审查风险。各国对跨国并购基本都会有系统的管控手段，否则就可能滋生垄断，进而扰乱东道国和邻国的市场秩序，甚至对相关国家的相关产业产生不良影响。因此，当外国投资者参与跨国并购时，会因为东道国基于对反垄断和维护有效竞争的考量，遭受到跨国并购的特别要求或者被迫经历不透明甚至不公平的跨国并购审查程序，有的国家甚至趁机出台"临时立法"对外国投资者的并购活动突击干预和限制，从而大大增加一国企业海外跨国并购的难度。被并购的目标企业也可能发起反并购，或者隐瞒自身涉及的担保、诉讼纠纷等不利情况，从而使外国投资者陷入一系列的法律僵局。

第四，企业经营管理产生的法律风险。法律意识的淡薄，法律文化的差异以及积重难返的商业惯性，导致各国的海外投资企业在经营管理上也比较容易出现偏差。第一类是违反东道国对企业腐败的相关制约，出现行贿和贪污等问题引发竞业禁止和制裁风险；第二类是当企业境外经营过程中，根据属人原则向本国政府纳税的同时也要根据属地原则向东道国政府纳税，可能面临双重征税风险和避税手段的违法问题；第三类是在签订基础设施、工程承包相关的跨境采购、分包、担保合同中，出现合同的谈判、起草、签订、履行、变更、终止和违约等环节的合同管理风险。

三、因知识产权产生的法律风险

知识产权作为一种竞争性要素和资源在推动国家创新驱动发展和保

护自主知识产权品牌方面具有重要的战略性意义，"一带一路"建设中，知识产权在激励创新、促进开放方面的作用尤其突出。2016年，"一带一路"知识产权高级别会议在京召开，会议期间，沿线国家知识产权机构的代表，世界知识产权组织（WIPO）和海湾阿拉伯国家合作委员会（GCC）代表（列席）参加了知识产权圆桌会议，这显示知识产权问题已经成为带动沿线各国经贸关系深化升级的新动力和各国重要的关注点。我国与沿线国家的知识产权合作取得了一批务实成果，据国家知识产权局的数据分析显示，"2020年'一带一路'沿线国家加大在华专利布局力度，其中在华发明专利申请为2.3万件，同比增长3.9%，高于国外来华同比增速，其中，新加坡同比增长21%，韩国同比增长4.4%。"①

"一带一路"沿线国大多数属于新兴经济体，拥有知识产权的数量和质量决定其国家和企业在全球化经济中进行资源配置和国际分工中的地位并不占有绝对优势，国内法关于知识产权保护的标准站位不够高，往往低于WTO《与贸易有关的知识产权协议》（Agreement on Trade - Related Aspects of Intellectual Property Rights，缩写为TRIPs，以下简称《知识产权协议》）的要求，在"一带一路"建设的投资贸易行为中，经常引发以下两方面的知识产权法律问题：

第一，贸易壁垒问题。"走出去"企业，在进行投资贸易行为的过程中，如果缺乏行之有效的知识产权法规和保护手段，不熟悉国际和各国知识产权保护规则和方法，或者不懂得如何运用知识产权系统策略维护合法权益，就会导致知识产权资源流失，甚至引发知识产权纠纷。"一带一路"建设中的投资贸易行为，往往可能遭遇三种"知识产权壁垒"：第一种，"标准壁垒"，知识产权优势国将技术标准融入技术专利，利用产业链高位优势攫取巨额利润，导致知识产权劣势国一旦使用该技术标准就会陷入被动地位；第二种，"绿色壁垒"，"一带一路"沿

---

① 《共建一带一路推进知识产权合作》，2021年2月9日，http：//brisbane. mofcom. gov. cn/article/jmxw/202102/20210203038216. shtml。

线国家中如果制定了较高的国际环境和绿色标准，提高进口产品的准入门槛，出口国的产品，例如电子和农副产品就可能因此陷入交易困境；第三种，"反假冒壁垒"，东道国企业可能利用科技研发优势大量申请专利，以核心技术对外资企业形成专利合围，反之，合资和合作企业也可能利用资金优势收购和弱化东道国品牌，从而削弱当地企业在国际上的品牌竞争力①。

第二，沿线国知识产权保护水平存在差异。比如，截至 2020 年，我国政府实施"国家知识产权战略"的收官之年，我国已经基本实现了 2008 年《国家知识产权战略纲要》提出的"把我国建设成为知识产权创造、运用、保护和管理水平较高的国家"的这一目标。在 2020 年4 月中华人民共和国国务院新闻办公室就"2019 年中国知识产权发展状况"举行的发布会上，国家知识产权局局长申长雨如是说，"2007 年至2019 年，国内（不含港澳台地区）有效发明专利拥有量从 8.4 万件增长至 186.2 万件，有效注册商标总量从 235.3 万件增长至 2521.9 万件。著作权、植物新品种、地理标志、集成电路布图设计等数量同时也大幅增长。核心专利、知名品牌、精品版权、优良植物新品种等持续增加。"② 我国的整体知识产权环境得到优化，知识产权运用成效显著，知识产权保护不断加强，全社会的知识产权意识明显提高。但尽管如此，我国企业的知识产权战略供给仍然不能完全匹配"一带一路"建设的现实需求，政府的各个管理部门，政府和仲裁以及诉讼部门之间，特别是跨地区部门之间缺乏综合的管理和协调机制，欠缺行之有效的联动体系。"一带一路"倡议的其他沿线国的知识产权环境也都呈现不同状态，波兰、白俄罗斯、捷克、斯洛伐克、保加利亚、匈牙利、罗马尼亚、乌克兰等中东欧国家的知识产权保护标准已达到《知识产权协议》的要求，综合经济发展水平以及知识产权环境与中国相当，知识产权执

---

① 王莉莉：《山东自贸试验区知识产权大保护格局的决策依据、实践逻辑与构建路径》，载于《山东财经大学学报》2021 年第 33 卷第 1 期，第 76 页。

② 知识产权局：《知识产权局正制定面向 2035 年知识产权强国战略纲要》，2020 年 4 月23 日，https://www.cnipa.gov.cn/art/2020/4/23/art_1413_151088.html。

法力度普遍较严，但不同国家之间仍存在具体差异。从立法模式的角度看，有的国家是专利法、商标法和著作权法分别立法，比如新加坡等东盟诸国；有的国家则是制定了综合知识产权法，比如菲律宾 1997 年颁布了《菲律宾知识产权法典》，法典调整的知识产权范围包括版权和相关权、商标和服务商标、工业外观设计、专利权、集成电路布图设计等；对比上述知识产权法发展比较成熟的国家，还有的国家的知识产权水平较为落后，比如，缅甸的知识经济发展滞后，知识产权的立法和行政管理都处于较低的水平和层次，并不像很多国家一样按照专利、版权、商标进行了专门的立法，同时还存在殖民时期的诸多法律并未废除的乱象①。

四、因环境保护产生的法律风险

在国家发改委、外交部和商务部联合发布的《推动共建丝绸之路经济带和 21 世纪海上丝绸之路的愿景与行动》中，两次提到"生态环境"的关键词，明确提出"在投资贸易中突出生态文明理念，加强生态环境、生物多样性和应对气候变化合作，共建绿色丝绸之路"；鼓励本国企业在参与沿线国家基础设施建设和产业投资的过程中"严格保护生物多样性和生态环境"。可见，"一带一路"除了经济功能和政治功能之外，也应具备生态功能，各国不仅应加强交流和宣传、保障投资活动生态环境安全、完善政策措施，从而构建务实高效的生态环保合作交流体系，同时也应该督促本国企业在对沿线国家投资合作的实践中，增强环保意识，了解环保立法，评估项目投资的环境风险，以免投资项目遭遇东道国民众抵制或者国际环保组织的诉讼，造成环境保护的法律风险。

---

① 缅甸于 1885～1948 年处于殖民时期，直至 1937 年，英国将其纳入印度省，隶属于英属印度，所以缅甸现行知识产权方面的规定和英国法联系颇多。参见《一带一路沿线国家法律风险防范指引》系列丛书编委会编：《一带一路沿线国家法律风险防范指引》（缅甸），经济科学出版社 2017 年版，第 204 页。

根据《"一带一路"沿线区域环保合作和国家生态环境状况报告》分析，"一带一路"沿线国家尤其是亚洲国家大多是新兴经济体，不少沿线国家的劳动生产率低于世界平均水平，经济发展方式粗放。沿线国家的生态环境主要呈现以下几个突出的问题：第一，生态环境脆弱，人类活动频繁而且强烈；第二，较多的沿线国家发展主要仰仗油气资源的开发利用，加剧了对生态环境的污染；第三，沿线国家因为地理环境的复杂而多样，生态环境特征差异非常明显；第四，沿线国家碳排放量增长速度高于全球平均增长速度，自然资源消耗、原木消耗、二氧化碳排放以及污染物排放，都呈现上升趋势。面对普遍存在的环境问题，各国环境保护的意愿不断加强，绿色立法和政策也逐渐增多。以亚洲为例，中亚国家更加关注能源对环境的影响，哈萨克斯坦在2012年提出的"绿色桥梁"倡议强调开展绿色能源合作和新型投资；乌兹别克斯坦则通过了"2013～2017年保护环境行动计划"，整改污染严重的行业从而优化经济结构；塔吉克斯坦和中亚的其他四个国家签署了《建立绿色走廊协议》，利用可持续健康的环境冲破经济发展瓶颈。东南亚各国也纷纷专注于绿色转型和绿色产业发展，柬埔寨制定了"绿色增长路线图"，将循环经济列入国家发展战略规划；印度尼西亚在2005提出"绿色印尼，永续印尼"的目标，以节能政策促进企业低碳化生产；新加坡从2009年起陆续发布了可持续发展蓝图，"绿色计划"和"国家再循环计划"，从经济、社会和法治视角全面推进绿色发展；越南通过发展生态产品市场、绿色采购等方案推进整体经济模式的绿色转型。南亚国家生态保护政策各有不同，印度提出创建"绿色经济大国"的理念，极力发展低碳经济，强调提高资源利用效率；俄罗斯倡导发展清洁能源，有效转变消费结构。长期以来，俄罗斯经济严重依赖石油、天然气出口，经济结构严重失衡，且不合理的资源开发给俄罗斯带来了较为严重的环境污染问题。随着世界能源环境的变化，俄罗斯经济出现低速增长甚至一度停滞，为减少传统能源型经济对环境的负面影响，促进经济稳定持续增长，俄罗斯在《2008－2020年国家社会生态发展长期规划》中将提高能源效率作为本国发展绿色经济的首要目标，向绿色经济转型，积极发展清洁能源技术，优化能源消费结构。

随着国际环境法的发展和生态文明价值凸显，投资企业除了应该关注各国的绿色发展政策以外，更应该关注各国配套的国内环境立法，尤其是各国越来越严格并且不断更新的环境保护标准。比如，在俄罗斯，《环境保护法》仅仅是维护生态平衡和生物资源多样性从而确保国家生态安全的基本法，该国于 2005 年通过对《行政法典》的修订加重了对环境违法的行政处罚力度，同时通过总统令的方式加强了对空气质量标准的管控，如果身处俄罗斯的海外企业不能严格遵守所在国的环境标准和法律，将会引发严重的环境问题；再如，伊朗因为落后的工业水平和早期淡薄的环保意识，因而环境污染问题很严峻，今年该国加大了环境立法速度，制定了包括水资源保护和水污染治理、空气污染治理、土地治理以及生物资源保护等方面的 20 余部法律，形成了全民参与和监管的环保氛围和环境，中国驻伊朗伊斯兰共和国大使馆经济商务处在发布的《中国企业在伊朗应注意的事项》中重点强调中国企业或者人员"应了解伊朗环境保护法规，依法保护当地生态环境，且不可放松环保意识，不可缩减合作项目中处理废水、废气、废尘、噪音、电磁等污染配套环保设备的投入"①。部分中国企业也因为忽略投资中的环保社会责任切实遭受了环保法律风险或者诉讼，例如，柬埔寨对毁坏森林违法者"零容忍"，我国一家在当地投资的企业，本来与当地政府签订了投资 30 年的协议，但是因为环境问题被收回了森林采伐权，虽然后来被置换为森林保护权和种植权，但是该企业依然面临 1500 万美元的前期投资损失②；在厄瓜多尔和秘鲁，中国的矿业公司都曾因为违反当地的环境保护法律条款，遭到当地团体组织的抗议、罚款或者诉讼；中国的石油和化工企业也有因在蒙古国、印度尼西亚和墨西哥等地的投资项目

---

① 中华人民共和国驻伊朗伊斯兰共和国大使馆经济商务处：《中国企业在伊朗应注意的事项》，2009 年 2 月 10 日，http://ir.mofcom.gov.cn/article/d/200902/20090206036401.shtml。

② 韩秀丽：《中国海外投资中的环境保护问题》，载于《国际问题研究》2013 年第 5 期，第 105 页。

遭到当地环保组织抵制、政府罚款甚至官媒曝光的经历①。

中国应该顺应时代发展潮流，深度参与全球生态环境治理和国际合作，成为全球生态文明建设的重要参与者、贡献者和引领者，使得"一带一路"建设成为全球生态文明建设的优先领域。从中国企业以往的经历来看，要想真正获得外国国家的认可，降低经营风险和法律风险，就必须遵从其国内规范的指引，熟悉国外有关环境标准的法律，才能减少因环境问题而引发的法律争端。

第二节 "一带一路"倡议下外国法查明的新趋势
——基于涉"一带一路"建设典型和专题指导性案例的分析

在深入研究最高人民法院分别于 2015 年 7 月和 2017 年 5 月公布的两批共 18 个涉"一带一路"建设典型案例、2019 年 2 月最高人民法院发布的 6 件涉"一带一路"建设指导性案例，2017 年上海高级人民法院发布的涉外和涉港澳台商事审判白皮书及十大典型案例、2018 年上海高级人民法院发布的 8 个涉"一带一路"建设典型案例、上海海事法院发布的涉"一带一路"十大典型案例、天津高级人民法院通报的 15 个服务和保障"一带一路"建设典型案例、江苏省高级人民法院（联合连云港市中级人民法院）发布的服务保障"一带一路"建设十大典型案例、2019 年山东最高人民法院发布的 10 个服务保障"一带一路"和"上合示范区"建设典型案例的基础上，可以发现，"一带一路"倡议以来沿线国家合作深入、广泛，涉"一带一路"案件中的外国法查明服务呈现以下具体特点：

---

① 韩秀丽：《中国海外投资的环境保护问题——基于投资法维度的考察》，载于《厦门大学学报》（哲学社会科学版）2018 年第 3 期（总第 247 期），第 149 页。

一、涉"一带一路"外国法查明案件数量显著增加

从倡议提出至 2017 年的五年间，我国各级法院共审执结的涉外民商事案件 20 余万件，较之前五年增长一倍以上①。仅 2013～2015 年，全国法院的外国法查明案件达到近 200 件，涉案类型高达 41 种②。为探讨涉"一带一路"外国法查明案件和涉外民商事案件数量变化之间的逻辑关系，笔者以《涉外民事关系法律适用法》生效日为起点，统计 2011 年 4 月至 2018 年 12 月七年多的相关数据③，发现各级法院公开的涉外民商事案件在 2013 年迎来首个高速增长期，2017 年第一届"一带一路"国际合作高峰论坛年达到历史最高峰，2018 年稍有回落，基本处于稳定增长状态。涉"一带一路"外国法查明案件数量，2013 年比上年增长近五倍，绝对数量增加显著，但并未实现与一般涉外案件的正态增长关系④（见图 2 - 1）。究其原因：其一，走访中发现多数法官对外国法查明工作有畏难心理，法律适用过程难免存在国内法情节；其二，涉"一带一路"案件当事人对法律适用的意思自治意识增强，约定中国法作为准据法的情况增多。（见表 2 - 2）可见，"一带一路"倡议后市场主体对外国法查明表现出了高度的关切和需求，但制度形态受多种因素制约，波动较大。

---

① 《最高人民法院负责人就〈关于建立"一带一路"国际商事争端解决机制和机构的意见〉答记者问》，2018 年 6 月 28 日，http：//www. gov. cn/zhengce/2018 - 06/28/content_5301709. htm。

② 华政：《最高人民法院出台服务保障"一带一路"意见》，2015 年 7 月 8 日，http：//www. xinhuanet. com/legal/2015 -07/08/c_127996659. htm。

③ 以"法律适用法"为关键词使检索更具现实性，且 2011 年之前各级法院的涉"一带一路"外国法查明案件并不多见。

④ 借助中国裁判文书网、北大法宝等平台的高级检索功能，以"涉外民事关系法律适用法"为关键词，辅之"案由"和"裁判年份"等工具，检索出历年涉外民商事案件数据；结果中，输入"一带一路"沿线国或地区名，辅之"法律依据"和"当事人"等工具，比对数据。由于未公开案例、数据重复、裁判文书用语不规范和数据持续更新等局限性，统计仅具相对精确性。国际公约和惯例的名称繁复，难以全面检索，不在图 2 - 1 之内。

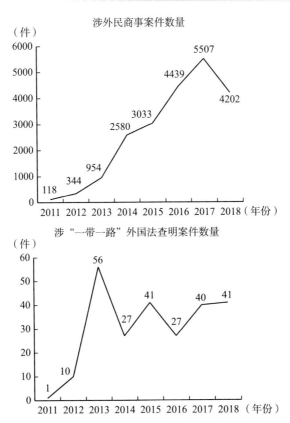

图 2 – 1 我国历年涉外民商事案件和涉 "一带一路" 外国法查明案件数量变化

表 2 – 2 各级法院涉 "一带一路" 建设典型和指导性案例法律
适用数量（未区分案例重叠问题）

案例	适用港澳台地区法、外国法	适用国际公约或条约	适用国际惯例	适用国内法	当事人约定适用法	待查明港澳台地区法律、外国法（顺序为法院公布案例的专有序号）
最高法第一批 8 个涉 "一带一路" 建设典型案例"（2015.7）	2	2	0	7	2（1 例国内法，1 例外国法）	2 号：《美国统一商法典》和相关判例（约定适用）；7 号：《印度尼西亚共和国有限责任公司法》
最高法第二批 10 个涉 "一带一路" 建设典型案例（2017.5）	0	4	2	6	5（3 例国内法、2 例国际惯例）	

续表

案例	适用港澳台地区法、外国法	适用国际公约或条约	适用国际惯例	适用国内法	当事人约定适用法	待查明港澳台地区法律、外国法（顺序为法院公布案例的专有序号）
最高法6个涉"一带一路"建设指导性案例（2019.2）	1	2	1	4	0	107号：美国纽约州相关立法
上海高法涉外、港澳台商事审判十大典型案例（2017）	2	2	1	5	0	4号：瑞士相关立法
上海高院8个涉"一带一路"建设典（2018.10）	1（涉及查明未最终适用）	1	0	7	0	1号：英国法和案例
上海海事法院涉"一带一路"十大典型案例（2018.8）	1	2	0	7	2（1例国内法、1例外国法）	9号：希腊相关立法
天津法院15个服务和保障"一带一路"建设典型案例（2018.1）	3	2	0	12	2	12号：《俄罗斯联邦民法典》；13号：《土耳其商法典》《土耳其海关法》；15号：《香港仲裁条例》
山东法院10个服务保障"一带一路"和"上合示范区"建设典型案例（2019.8）	1	0	0	5	4（3例国内法、1例外国法）	3号：《英国1906海上保险法》

　　统计最高人民法院24个涉"一带一路"典型和指导性案例：涉及国际公约或惯例适用的9件，外国法查明和适用的3件。上海是中国"一带一路"建设的"桥头堡"，2012～2016年，受理涉外案件3138件，各级法院公布的28件典型案例中，涉及国际公约或惯例适用的6例，外国法查明或适用的4例[1][2]。天津作为"中蒙俄"经济走廊东起

————————
　　① 《高院发布2012-2016上海法院涉外、涉港澳台商事审判白皮书及十大典型案例》，上海法院网，2017年9月19日，http://shfy.chinacourt.gov.cn/article/detail/2017/09/id/3001681.shtml。
　　② 《上海海事法院涉"一带一路"审判情况及十大典型案例通报2017》，载于《司法报告》，上海海事法院，2018年，第27~37页。

点和海上丝绸之路战略支点，2013 ~ 2018 年初，受理涉"一带一路"案件 1124 件，15 个典型案例中，2 例涉及国际公约的适用①。山东东临黄渤海，西连中原腹地，是"一带一路"上的关键地理坐标，山东法院仅 2018 年以来的一年半时间共审结一审涉外海商事案件 3706 件，案涉五大洲 40 多个国家和地区，也有 1 例典型案例涉及外国法查明和适用②。以上各批案例中，包括公约和惯例在内，外国法查明案件占比分别为 50%、35%、33% 和 10%，可见，外国法查明工作在涉"一带一路"法治建设中不容忽视（见表 2 - 2）。

二、涉"一带一路"案件外国法查明复杂程度高

涉"一带一路"案件标的大。2016 年 10 月 28 日，"一带一路"（中国）仲裁院在京成立，至今已受理涉及冰岛、科威特、马来西亚、越南、印度"一带一路"沿线国家的建筑施工合同纠纷 12 起，总标的额超过 10 亿元人民币。据上海相关部门统计：2014 ~ 2018 年的 5 年间，上海法院受理千万元以上的大标的案件 560 件，呈逐年增长态势。2016 年，受理涉外商事案件标的总金额 85.52 亿元，其中，2016 ~ 2018 年三年间，上海海事法院受理的 308 件涉"一带一路"案件，标的总额达 7.1 亿元③。其中提及的各级法院典型案例和指导性案例，凡是涉及外国法查明的案件标的额基本都超过千万元，可见，标的额大成为涉"一带一路"外国法查明案件中除了数量多以外的又一显著特点。

所涉案件专业领域覆盖范围广。《涉外民事关系法律适用法》生效后至倡议提出前的少量的涉外民商事案件中的外国法查明，集中在合同、婚姻家庭或特别程序等领域。倡议提出至 2018 年底，涉"一带一

---

① 《天津法院服务保障"一带一路"建设状况白皮书》，载于《司法报告》，天津高级人民法院，2018 年，第 1 ~ 5 页。

② 《山东法院服务保障"一带一路"和"上合示范区"建设典型案例》，载于《司法报告》，山东省高级人民法院，2019 年，第 1 ~ 17 页。

③ 李姝徵：《上海海事法院首发涉"一带一路"海事审判白皮书》，2018 年 8 月 9 日，中国法院网，https://www.chinacourt.org/article/detail/2018/08/id/3450478.shtml。

路"外国法查明案件涉及债权、物权、知识产权及婚姻家庭和继承等民事领域,公司、证券、保险、票据等海商事领域,待查法律随机分布于浩如烟海的各国涉外法规中,查明复杂。(见图2-2)

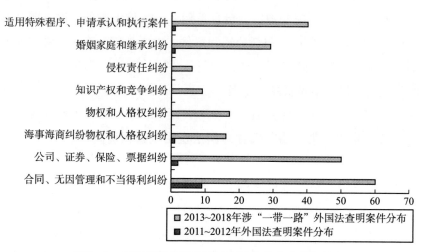

图2-2 倡议提出前后外国法查明案件专业分布对比

"一带一路"所涉案件类型新、案情复杂、具有高度专业性,代表同类案件的最高审判水平。以典型和指导性案例为例,涉及外国法查明的案件多集中在股东出资、海上保险合同、保函欺诈、信用证转让、海域污染损害赔偿和海难救助等新型纠纷领域,甚至包含由最高人民法院副院长、大法官担任审判长审理的案情复杂或专业程度高的案件。"德国蒂森克虏伯冶金货物买卖合同纠纷案"当事人不服江苏省高级人民法院一审判决,向最高人民法院提起上诉,明确了以《联合国国际货物销售合同公约》认定根本违约标准的做法,增强了我国司法实践中公约适用的统一性,公约没有调整的事项适用当事人约定的美国法,法律适用和查明关系复杂①;"江苏太湖锅炉保函欺诈纠纷案"当事人不服江苏省无锡市中级人民法院一审民事判决,向江苏省高级人民法院提起上

---

① 参见最高人民法院民事判决书(2013)民四终字第35号。

诉，案件涉及第三人，且包含见索即付保函和代理关系的双重外国法查明，法官按照国际商会"先赔付、后争议"原则严格把握保函欺诈标准，该案为美国 2014 年《跟单信用证杂志》重点介绍，警示了我国企业"走出去"战略中结算和担保工具的使用风险①。各地方法院的涉"一带一路"典型案例也均涉及二审、再审或多级法院审批。其中，"美亚公司申请认可台湾地区法院民事判决纠纷案"涉及跨法域纠纷适用程序准据法的判断，通过区域法的查明和适用，首次认可中国台湾地区法院民商事判决②；"厦门建发化工买卖合同纠纷案"，上海浦东新区法院委托华东政法大学外国法查明中心成功查明瑞士法③。正确的法律适用和新的查明尝试彰显了司法部门在涉"一带一路"建设中对外国法查明工作所作出的卓绝努力，充分展现了涉"一带一路"司法改革的精神和成果。

三、涉"一带一路"案件外国法查明难度大

"一带一路"沿线国法律环境的复杂性需要我们正视建设推进过程中的查明风险和挑战。

待查法律所属国家覆盖范围广，立法情况差别大，为查明带来难度。"丝绸之路经济带"横贯东西，涉及沿线 64 个国家和地区，体系开放，扩充力不可估量④。倡议前，我国数量有限的外国法查明案件主要涉及俄罗斯、印度尼西亚、新加坡、英美等国家民商事立法，倡议后，仅表 2-2 涉及的待查明外国法国家就包括新加坡、美国、印度尼西亚、英国、希腊、俄罗斯、土耳其等国家，横跨亚欧美洲⑤。据统计，上海法院截至 2016 年之前的五年间，涉外案件中的待查明外国法

---

① 参见江苏省高级人民法院民事判决书（2013）苏商外终字第 0006 号。
② 参见（2013）沪高民一（民）申字第 1973 号。
③ 参见（2016）沪 01 民终 3337 号。
④ 石佑启、韩永红、向明华、王燕、杨崇棱：《"一带一路"法律保障机制研究》，人民出版社 2016 年版，第 2 页。
⑤ 笔者通过中国裁判文书网以相关国家为关键词检索，并对结果进行甄别。

国家和地区广布：美国、英国、瑞士、日本、韩国、新加坡、马来西亚、巴基斯坦、以色列、英属维尔京群岛等 60 多个国家和地区，覆盖了东南亚和东欧等大部分地区，从全国范围看相关案件中的待查明外国法所涉国家更是基本覆盖了所有与中国经贸互动关系频繁的"一带一路"沿线国家和地区①。

　　沿线国家法律文化和法系存在差异，对查明工作提出更高要求。沿线国家分属两大法系，待查明外国法所涉国家既有俄罗斯、越南、波兰等大陆法系国家，也有马来西亚、新加坡和印度等英美法系国家，所用语言包括英语以及多种小语种，囿于经济和文化发展的不平衡，各国在法条公开、论著资源以及网络发展和语言互通等方面都存在着联通障碍，这就给外国法查明带来了难度②。比如典型案例"三井住友保险公司运输合同纠纷案"③ 和"厦门建发化工买卖合同纠纷案"④ 分别需查明希腊法和瑞士法，法官查明同为成文法国家的法律信心和效果会有效提升，反之，"德国蒂森克虏伯冶金货物买卖合同纠纷案"和"江苏太湖锅炉保函欺诈纠纷案"查明的分别是《美国统一商法典》和《印度尼西亚共和国有限责任公司法》，我国作为成文法国家对判例法国家法律理解和解释的偏差，以及两大法系对查明责任安排上的差异所导致的司法配合障碍，都会导致外国法查明难度系数增加，甚至结果功亏一篑。

---

　　① 余东明：《上海高院发布涉外涉港澳台商事审判白皮书——涉"一带一路"沿线国家案件增多》，载于《法制日报》政法·司法，2017 年 9 月 20 日 3 版。
　　② 于志宏、张超：《建设"一带一路"过程中的外国法查明制度探究》，载于《当代港澳研究》2015 年第 4 辑。
　　③ 上海海事法院：《上海海事法院涉"一带一路"审判情况及十大典型案例通报 2017》，载于《司法报告》，上海海事法院，2018 年，第 36 页。
　　④ 参见上海市浦东新区人民法院（2012）浦民二（商）初字第 S3375 号民事裁定。

第三章

"一带一路"背景下外国法查明
制度的再梳理

第一节　外国法查明的概念

外国法查明是准据法确定过程中的一般性问题，也是国际私法的基本制度，从概念到具体理论都存在争议，所查明的外国法是事实还是法律、外国法的定性对于查明制度有无影响，都是长期困扰国际私法学者的问题，要想为"一带一路"涉外案件适用法的问题作出更明确地指引，就要首先对外国法查明的概念和基本问题进行阐明。

一、外国法查明的几种理论

外国法查明，在英美法系被称为"外国法的证明"（Proof of Foreign Law），而在大陆法系一般被称为"外国法内容的确定"（Ascertainment of Foreign Law），我国学者多译成"外国法查明"。"查明"还是"证明"不仅关乎称谓，还与外国法的性质有关，最初的英美法系国家倾向于将外国法定性为"事实",故外国法的查明属于应该由当事人提供的"证据"范畴,强调的是证据提供的路径,而大陆法系国家并无传统将外国法定性为"事实",对于该制度倾向于认为是法官适用法律的视角,强调的是内国法或是外国法作为准据法的选择机制。"事实"抑或"法律",又或者是"事实"的对立面不是"法律"而是"非事实",这样纯粹的理论上的争论已不再那么焦灼,但是这种争论对于制度建设层面上的影响却是实在而直接的。英美法系"外国法的证明"的说法会导致将提供外国法的主体预设和限制为当事人,这样的体系设计趋向于闭锁,相反,大陆法系"外国法内容的确定"的说法并没有这样的导向性和局限性,对于立法和司法的设计,尤其是外国法查明路径问题的设计是开放性的,后者更趋近于国际私法理论对该制度的定位。

从查明对象来看,可以将国内学者对外国法查明的理解分为小、中、大三种概念①。"小概念"认为外国法查明是指"一国法院在审理国际民商事案件时,如果依照本国的冲突规范应适用某一外国实体法,如何查明该外国法关于这一特定问题的规定的问题"②。世界各国法律差异很大,任何法官不可能通晓所有法律,所以外国法查明的目的就是为法官适用法的过程提供外国法的内容,并且这种内容是具体化到法典或者专门法中调整特定民商事关系的具体法条的。主张"中概念"的学者认为,外国法的查明是一国法院根据本国的冲突规范指定应该适用外国法的前提下,如何查明该外国法的存在和确定其内容的制度③。这种理解先要解决调整民商事关系的外国法是否存在,然后才是查明具体内容。在"一带一路"建设的外国法查明中这种观点更具价值,2016年由《"一带一路"沿线国家法律风险防范指引》编委会编撰的系列丛书以及2017年由全国律协发布的《"一带一路"沿线国家法律环境国别报告》中,对所涉的亚洲、欧洲和非洲的60多个国家的法律环境进行了综述,由于相关国家的投资、贸易、知识产权、环境保护等

---

① 刘来平:《外国法的查明比较研究》,华东政法学院博士学位论文,2006年,第6页。
② 韩德培:《国际私法》,高等教育出版社、北京大学出版社2007年版,第151页。
③ 李双元,欧福永:《国际私法》,北京大学出版社2016年版,第131页。

具体法律制度立法进程各不相同，个别国家在个别领域的法律空白也最大程度地暴露出来，这使得外国法查明中外国法是否存在变得不容忽略。最后，还有学者提出关于外国法查明的"大概念"，即"某国法院在审理涉外案件时，根据本国冲突规范的指引，应当适用外国法的情况下，对于该外国法的具体内容及其真实有效性，由谁通过何种方法和途径提供，以及如何加以认定的过程。"① 大概念下，外国法的查明包括法内容的提供、提供方法和途径、法真实性的证明以及认定的标准等，囊括了外国法查明的整个流程。综上，小概念即"内容说"，强调了外国法查明的基础和重点，但是并不能涵盖冲突规范指引外国法适用的全部情况，大概念即"流程说"，偏重于功能描述，却背离了概念"反映对象的本质属性的思维形式"的规律，中概念即"存在和内容说"涵盖性强，也不失抽象性，最能反映外国法查明的本质，笔者赞同此说。

二、外国法的范围

外国法的范围应该结合外国的法律环境和法律规定情况，尽可能涵盖广泛，否则就可能出现有法不引、有法不用的僵化情形，这对于保持内国的司法公信力并无益处。考量外国法查明问题，并不能离开其所依据的规范基础，即根据冲突规范确定适用的法律体系，究竟哪些层次和形态的规范可以作为依据，哪些范围的外国法需要查明是值得关注的问题。

（一）外国法和"外域法"

有学者认为狭义的外国法是相对一国而言，当国内的冲突规则指示某一法律关系应该适用某外国法时外国法的内容问题，狭义的外国法属

---

① 宋锡祥、朱柏燃：《"一带一路"战略下完善我国外国法查明机制的法律思考》，载于《上海财经大学学报》2017年8月第19卷第14期，第94页。

于政治上的界定；广义的外国法则不仅包括狭义的外国法的内容，还包括法院地以外的本国的其他法域之法律①。例如，英国是由英格兰、苏格兰、爱尔兰和威尔士四个法域组成的多法域国家，对于英格兰的法院而言，中国法、美国法、日本法是外国法，而其他三个法域的法也相当于"外国法"②。美国每一个州都为一个法域，也同样存在这样的问题，对于美国阿拉斯加州的法院而言，德国和加拿大的法律被作为外国法对待，但是亚利桑那州法院的法律同样被作为外国法对待。所以，笔者认为，外国法查明的不仅应包括不同主权国家的法律规范，也指在一个主权国家之内，实行不同法律制度地区之间的"外域法"。

（二）为争取独立而斗争的民族地区的法律

政治意义上的国家应该被合法赋予国家主权和立法权，如果能成为被普遍承认的"国家"，那么经过合法程序颁布的用以调整该国政治、经济和社会关系的立法应得到其他国家的承认，并在涉外民商事的法律适用中得到一定程度甚至是平等的对待机会。然而，不容忽视的是，为争取独立而斗争的民族是这个世界从来都不会缺乏也永远不应该被忽略的重要存在，在这些国家为争取国际法主体资格而斗争的过程中，其国内立法一方面往往处于缺失或者不完善的状态，另一方面，因为"国家"身份的不明朗导致其国内法也更容易处于被漠视的状态。举例来说，历史上，阿拉伯国家因为民族成分复杂，地理位置多位于中东和北非的战乱之地，再加之不少国家地处石油资源丰富的海湾地区，较容易受到发达国家的经济觊觎和政治干涉，呈现或可能呈现民族分裂和分崩离析的状态，与此同时，阿拉伯地区位于"一带一路"的交汇处，中国非常注重加强与阿拉伯国家的互通和合作，截至2019年7月，我国政府已经和阿拉伯地区18个国家签署了共建"一带一路"合作文件，更多的阿拉伯国家准备与我国建立更加广泛的战略合作伙伴关系，可以

---

① 刘铁铮、陈荣传：《国际私法论》，三民书局1998年版，第202页。

② Cheshire and North, Private International Law, 13th edition. London：Butterworths, 1999, p. 9.

说未来的发展潜力更加巨大、前景更加广阔①。从历史和现实层面看，作为共建"一带一路"的天然伙伴，阿拉伯民族奋起反抗并通过不同方式表达民族独立愿望的同时，中国人民也在艰苦卓绝的抗日战争中表达自由的诉求，这是两个民族共同的立场与命运，所以中国在各种国际场合一贯支持巴勒斯坦民族解放事业，并与阿拉伯国家在地区和国际问题上保持着沟通与协调，为进一步扩大和保障"一带一路"共建成果，我们应该倾向于扩大外国法的范围，从而更好地打通法律服务；从国际法理论和实践的层面看，争取民族独立的地区应该有权根据民族意愿，决定政治社会制度、建立国家政权组织和制定法律，外国法应当包括这些地区的法律，或者这类国内法至少应在国际政治交往中，得到那些在一定范围和一定条件下承认其国际法主体地位的国家的承认。

（三）国际条约和国际惯例

"一带一路"沿线国家法律环境的复杂性需要我们正视建设推进过程中的法律风险，也为我们的外国法查明提出了更高的要求。从查明的需求层次看，自然人和法人在营商投资的过程中会对国际条约和国际惯例产生大量的查明需求，要不断提高法院适用这些国际条约和惯例的能力，常见的包括《联合国国际货物销售合同公约》《承认和执行外国仲裁裁决公约》《见索即付保函统一规则》《国际海上碰撞规则》和《跟单信用证统一惯例》。那么国际条约和国际惯例是否属于外国法呢？从理论上看，如果一国法院在处理涉外民商事关系并适用冲突规范的指引时准据法指向某国际条约，应该分为两种情况，一种是法院所在国是该条约的缔约国，那么该国际条约可以视为该国法律体系的一部分，虽然对于国际条约的认可各国并不必然通过某种方式转化为国内法，国际条约也无法真正等同于国内法，但这种情况下，法院国通常可以按照对待类似内国法的做法来适用；另一种情况，法院所在国并非国际条约的缔

① 杨彦宇：《商务部：18个阿拉伯国家与中国签署共建"一带一路"合作文件》，2019年7月12日，https://www.chinanews.com.cn/cj/2019/07-12/8893057.shtml。

第三章 "一带一路"背景下外国法查明制度的再梳理

65

约国，那么应该参照查明外国法的方法和原理对待国际条约，当然这种情况也并非在性质上将国际条约归为外国法。国际惯例和国际条约不同，要么因为当事人的选择或者法官依职权直接适用，要么经冲突规范指引而适用，但无论上述哪种情况，都可能存在国际惯例内容或者语言需要查明的情况，所以同样可以参照外国法查明。

（四）外国程序法

外国法是否包含外国的程序法，反过来说，其实就是外国法是否仅以外国实体法为限。一国法律一般分为实体法、程序法和冲突法三类，外国法包括外国的实体法这是可以普遍达成的共识，至于是否包含冲突法，一般取决于法院国是否承认反致制度，如果承认反致，那么根据冲突规范指引的准据法也包含外国的冲突规则，查明的范围理应包含冲突法，如果不承认反致，那么根据冲突规范援引的准据法不包含该外国的冲突规则，查明的对象就仅限于外国的实体法。外国程序法是否属于外国法范畴是探讨较多的问题，程序问题受法院地法支配是由注释法学派学者巴尔都伊尼（Bal－duini）所倡导并为众多国际条约、制定法和判例所采纳的一项基本原则，这在美国《法律冲突法（第二次重述）》第122条、于哈瓦那召开的泛美会议上通过的《布斯塔曼特法典》第314条以及我国《民事诉讼法》第二百三十七条的规定中都有所体现[1]。但是也陆续有学者对这种一边倒的结论发出了质疑之声，比如，国内的国际私法学者李双元教授就认为，程序问题到底是否适用法院地法要根据诉讼程序、诉讼行为和诉讼法律关系等一系列因素做综合性的判断，尤其应该依据程序和案件的密切联系程度来做判断，也就是说法院地法不应该作为程序问题的唯一法律依据[2]。尽管已经出现了与"程序问题适用法院地法"相反的声音，但这个声音至今在理论和司法实务届都比较微弱的原因是，一旦允许程序问题可以适用外国法，那么就意味着同一

---

① 王显荣：《外国法适用论》，西南政法大学博士学位论文，2014年，第26页。

② 李双元、谢石松：《国际民事诉讼法概论》，武汉大学出版社1990年版，第363页。

涉外民商事案件，在同一个法院可能因为适用不同外国的证据法，导致对案件事实的认定会不尽相同，而且可以确定的是，类似的案件在法院地审理，适用法院地程序法和适用外国程序法基本上会产生不同的结果，这对于涉外民商事审判工作所追求的实体公正目标和判决结果的一致性目标而言都是摧毁性的。综上，对于外国法查明而言，外国法不应该包括外国的程序法内容。

三、外国法的性质之争

虽然有学者认为外国法的性质之于制度建设没有必然的逻辑关系，但笔者认为，无论各国的司法实践如何变迁，外国法性质之争始终为外国法查明制度提供过思路和理论基础，时至今日，仍有国家按照外国法的性质之分设置外国法查明的路径。

（一）"事实说"和"法律说"的对立

英美普通法系国家以及部分拉丁美洲国家，曾经或者仍在继续奉行"事实说"。此说认为，只有内国法才是法律，他国主权者颁布的法律只能被作为事实对待。"事实说"的理论基础有两个。第一，法律实证主义者认为法的效力来源于具有至高无上权威的主权者，一国领土范围内的法律称其为法，超出国境再以法自居有僭越主权之嫌。第二，17世纪，荷兰学者优利克·胡伯（Ulicus Huber）在格老秀斯（Grotius）"国家主权"概念的基础上提出了"国际礼让说"[①]三原则，其主要内容就是"主权"和"礼让"，"主权"强调主权者颁布的法律在境内行使并约束其臣民，即使常住或临时居住的外国人口概莫能外，但是该法律在境外无效；"礼让"是指主权者可以允许已在他国境内实施的外国法在内国境内保持效力。根据国际礼让说，各国法具有严格的属地性，

---

① "国际礼让说"是17世纪荷兰国际私法学说。该学说建立在格老秀斯（Grotius，1583～1645）所发表的《战争与和平法》中提出的"国家主权"概念的基础上，代表人物是优利克·胡伯（Ulrik Huber，1636.3.13～1694.11.8）。

外国法仅应被内国视为事实，虽然出于"礼让"的规则，可以承认外国法的域外效力，但这种承认不能等同于将外国法视为法律，而仅仅是主权国家法院以是否损害国家和臣民的利益为标准的事实形态的判断而已①。

将外国法定性为"事实"往往导致外国法被归结在法官知法的范畴之外，外国法非法，所以法官没有义务知晓或者按照职权查明，而只能作为程序事项受证据规则的指引。英国是比较传统的"事实说"的拥趸，司法实践的立场是，外国法作为超出了法官知晓范围的事实，只能由当事人遵循适用于证明案件其他事实的有关证据规则从而规范地予以证明，如果无法查明可以适用英国内国法作为法律依据。这里"规范的方式"主要是指当事人聘请专家提供"专家证言"并在法庭上进行交叉盘问。

德国、荷兰、奥地利、意大利和法国等国家采取"法律说"。该说认为，外国法和内国法性质同属法律。这样的观点也基于两个理论：第一，"外国法编入说"，依照冲突规范适用外国法，就意味着外国法通过内国规则的路径取得了和内国法相同的地位，这有力回击了"事实说"认为适用外国法侵犯国家主权的观点，该说也能从萨维尼的"法律关系本座说"中找到支撑，萨氏强调为了便于国家交往，必须承认内外国人法律地位的平等和内外国法律的平等，他主张从法律自身性质探讨"seat"（本座）所在地，并适用该本座法，而非拘泥于是否为外国法②。第二，"三段论"，三段论的思维形式一直为法律世界的存在和运行提供着思维技术的支撑③，具体到裁判活动中，是指法官以法律规范为大前提、案件事实为小前提、最后得出裁判结果的一种推理过程，那么不管是外国法还是内国法在裁判中都只能是大前提，而不能与事实相提并论④。

① 李双元、欧福永：《国际私法》，北京大学出版社2016年版，第45页。
② 韩德培：《国际私法》，高等教育出版社、北京大学出版社2007年版，第42页。
③ 王洪：《司法判决与法律推理》，时事出版社2002年版，第80页。
④ 李旺：《国际私法》，高等教育出版社2015年版，第73页。

将外国法定性为法律的后果是，对于当事人而言，举证外国法成为其权利而不再是义务，对于法官而言，囿于"法官知法"①的限制，法官既然知道国内法，也应该知道或者至少依照职权查明外国法，该观点下，证明事实的责任在当事人，查明法律的责任在法官。德国的学说和司法判例因为对"法律说"的坚持被认为和英国是分属于坐标的两端，确立了一种非常严格的由法官依职权查明外国法的方式，对《德国民事诉讼法典》第 293 条②字面意思理解的争议颇多，但是在国际私法理论界和实践领域一致认为这一条赋予了法官查明外国法的职责③。

（二）新的共识

"事实说"忽视了外国法由立法者根据立法程序制定因而所具有的天然法律属性，"法律说"又否认了内国法和外国法的区别，陷入了形而上的泥潭。从应然的角度来说，外国法具有双重属性，非由内国立法机关制定所以有别于内国法，是经过冲突规范确定的准据法，所以又有别于单纯的外国法。各国的立法和司法实践也正在朝折衷的方向修正，英国已经将外国法的证明和其他一般事实的证明进行了区分，自 20 世纪 20 年代以来，不论是成文法将陪审团决定外国法的权限转交给法官，还是司法实践对外国法证明的例外，都一定程度地承认了外国法的法律属性。一方面，美国也在 20 世纪中叶动摇了"事实说"的传统，将外州法律列入法官知法的范畴，1962 年的《统一州际和国际诉讼程序法》和 1966 年的《美国联邦民事程序规则》不同程度地肯定了法官在外国法查明中的主动性；另一方面，德国也背离了"法律说"向折中的方

---

① "法官知法"作为古老的法律格言，最早见于中世纪意大利的注释法学派的著作，意思是法官应该知悉法律。参见黄风：《罗马法词典》，法律出版社 2002 年版，第 137 页。

② 《德国民事诉讼法》第 293 条规定："外国的现行法、习惯法和自治法规，仅限于法院所不知晓的，应予以证明。在调查这些法规时法院不应以当事人提出的证据为限；法院有权使用其他调查方法并为使用的目的而发出必要的命令。"

③ ［德］克罗夫勒：《国际私法》，C. H. 贝克出版社 2004 年版，第 210 页。转引自徐鹏：《外国法查明：规则借鉴中的思考——以德国外国法查明制度为参照》，载于《比较法研究》2007 年第 2 期，第 66 页。

向靠近，开创了"法律说"的例外，比如，涉外案件的双方当事人拥有共同国籍并对准据法无异议的，法官可以不做调查直接适用共同国籍国法；再如，在合同等注重当事人意思自治的领域，如果准据法是外国法，而当事人又选择适用德国法，法官也可跳过查明阶段而直接适用德国法。可见，国际私法理论和各国司法实践对于外国法查明中的外国法兼具"法律性"和"事实性"的观点基本达成了共识①。

第二节　外国法查明的责任分配

当一国法院在审理涉外民商事案件的过程中，根据冲突规范的指引适用外国法时，就会出现外国法由谁来负责查明的问题，从外国法性质的角度看，如果将外国法定性为"法律"，那么应由法院负责查明，如果将外国法定性为"事实"，则理应由当事人举证，前者的情况下，又因为外国法毕竟不同于本国法，外国法制度纷繁复杂，抑或是内外国法可能分属不同法系，从而不可避免地出现"法官知法"的局限性，后者的情况下，当事人在举证外国法的过程之中难免因为非专业性和信息的不对称等原因导致举证困难。外国法查明的责任分配问题既是外国法查明制度的关键环节，本身也充满了矛盾性和复杂性，并非非此即彼。目前，各国关于外国法查明责任形式的立法，主要有以下四种：

一、法官依职权查明

法官依职权查明也叫"法院负担说"，根据"法官知法"原则，认为如果外国法具有法律性质，那么就应该归属于法官应该知晓的范畴，不是当事人应该举证的范围，调查外国法的内容、适用外国法裁判案件

---

① 肖芳：《论外国法的查明——中国法视角下的比较法研究》，北京大学出版社2010年版，第17~19页。

是法院的权力和义务，当然，当事人其实也有权利提交相关证明文件或者采取其他方法协助法院查明外国法内容。阿瑟·恩格尔曼（Arthur Engelman）较早对"法官知法"原则做出了定义，他认为该原则是在法官知法的前提下，由当事人向法院提交裁判案件所需事实，由法官适用所知法律进行裁判①。詹姆斯·福克斯（J. R. Fox）则认为该原则以法官知悉法律为假设前提，法官独立对法律问题展开研究而不拘泥于当事人主张的法律②。虽然不同的主张关于当事人和法官在诉讼中的角色的定位不同，但共同的是都要求法官熟悉待适用法律。

法官依照职权查明外国法基本上是绝大多数国家都会采用的外国法查明方式，法官可以调查本国法，就可以查阅外国法，无论查询的渠道是法学论著还是官方资料或者网络资源，虽说法官不可能了解一切外国法，但是法官所受到的良好的法学教育和所积累的智识决定他们一般具有高超的法律学习能力，尤其办理涉外案件的法官往往具有一定留学或者访学的外国学习经历，即使是外国法，但是因为和本国法相比总是具有一些共性规律和普遍规律，因而法官通过自身能力而不通过向专家或者当事人求助是可能的。正因多数国家都允许法官查明外国法，所以英国所坚持的由当事人提供外国法资料，由法官进行被动的裁判的"极端形式主义"的做法遭受到长久的诟病。

大陆法系国家采用"法官知法"原则的包括意大利、荷兰、奥地利等国家，依此原则，外国法具有强制适用性，外国法的查明责任由法官承担，当事人无须举证。意大利《国际私法》第 14 条第 1 项规定："外国法应当由法院依职权查明。为此目的，除国际条约所规定的方式外，法院还可以利用通过司法部门所获得的情况，也可以求助于专家或专门机构。"在其学者看来外国法是法律，而非事实，通过内国冲突规范的援引而进入内国法律体系中从而成为内国法的一部分，所以应该以

① A. Engelman：A History of Continental Civil Procedure. Boston：Little Brown，1927，p. 547.

② J. Fox：Dictionary of International and Comparative Law. New York：Oceana Publishing，1992，p. 1442.

确定内国法的程序确定外国法，外国法也应获得与内国法同等的效力①。比如，荷兰《民事诉讼法》第48条规定："法院依职权适用依冲突规范所指定的准据法为荷兰法或外国法。"② 再如，《奥地利联邦国际私法法规》第4条第1款规定："外国法应由法官依职权查明，可以允许的辅助方法中有：有关的人参加、欧洲联邦司法部提供的资料以及专家的意见。"③

"法官知法"被认为是民事诉讼程序反映国家意志、体现法律权威性以及实现公正审判目标的重要保障之一，只有将适用法律的责任加诸于法官身上，才能最大程度降低当事人的法律负担，防止当事人仅仅提出有利于己方的法律观点，从而杜绝因为当事人双方经济资源和信息资源的不对等所造成的法律资源不均衡和法律地位不平等。另外，"法官知法"原则由法官获取法律内容并且适用法律，可以保证法官广泛地考虑合理的公共利益因素或者着眼于更宽泛的公共利益层面，在不受当事人提交的法律观点影响的独立观点下公正阐明和发展法律④。

法官依照职权查明外国法在实践中可能碰到的困难有：

一方面，"法官知法"原则具有局限性。尽管不能否认法官高超的外国法查明的能力和智识，但是更需承认外国法浩繁纷乱，包罗万象，以"一带一路"沿线国家为例，从仅仅60多个国家所涉及的外国法来看：分属两大法系，既包括俄罗斯、越南、波兰等大陆法系的法律，也包括马来西亚、新加坡和印度等英美法系国家的法律；存在语言障碍，待查明外国法既包括英语这类世界上使用最广泛的语言，也包括诸多小语种；查明范围广泛，要查明的外国法不限于外国国内法，还包括国际条约和国际惯例。外国法查明中的法官"知"法，并非简单的知道，而是既要"知"又要"明"，也就是对法律的含义、法律体现的原则、

---

① 张海凤：《外国法的查明研究》，吉林大学硕士研究生论文，2008年，第20页。
② 袁泉：《荷兰国际私法比较研究》，法律出版社2000年版，第145页。
③ 杜新丽：《国际私法实务中的法律问题》，中信出版社2005年版，第106页。
④ 卢煜林：《论法官知法原则及其在国际商事仲裁之中的运用》，华东政法大学硕士学位论文，2012年，第8~9页。

实质、颁布的背景、目的和作用都有一定程度的了解，才能保证正确地适用法律，也就是近乎要求法官如同通晓国内法一样通晓所有的外国法律、国际条约和国际惯例，并且正确无误地适用外国法律，这对于法官而言无疑是负担的加重，负担加重自然就会加重法官适用外国法的畏难心理，使得在司法实践中法官在处理涉外案件时倾向于采用法院地法来代替外国法的适用，从而加重法院地法化的倾向。

另一方面，法官依照职权查明外国法往往可能导致司法成本的浪费以及涉内涉外案件资源分配的不均衡，基本每一国家法院都对办案的时限有所要求，而一般的涉外案件既涉及比较广泛的民商事领域，又经常涉及国际管辖问题、准据法适用问题和国际司法协助等问题，如果要求法官像对待适用国内法一样的精力和成本对待外国法查明和适用问题，不可避免就要花费大量的时间和精力成本，如果要在规定的时限内结案势必要浪费比国内案件更多的资源，这种造成司法资源分配不均衡的问题也成为法官依照职权查明的重要阻力。

二、由当事人负责举证

当事人负责举证证明的做法也叫作"当事人负担说"，即如果将作为准据法的外国法当作单纯的事实问题，那么依照民事诉讼程序的基本原理，应该由当事人自行举证，法院不负担外国法查明责任，纵使当事人因为主观或者客观的因素而无法完成举证任务，法院亦无必要之义务适用外国法，大部分普通法系国家以及拉丁美洲，例如阿根廷、墨西哥等国家的司法判例采用这种做法，以英国最为典型，英国司法实践中对待外国法通常会采取几项处理原则：第一，英国法院对外国法不按照职权查明；第二，如果案件所涉及的证据本身没有自相矛盾的现象，法院多数会采信鉴定人的证明；第三，与之相反，如果证据所证明的外国法出现矛盾或者冲突，法官则会行使职权在几项证据中作出选择；第四，英国法院将适用的外国法当做事实，而非法律，所以虽然具有判例法传统，但是所涉及的外国法在审理该案件以后发生的后续案件中均需要再度证明，而不能通过从法院已经援引的判例中推断事实来证明①。当把准据法所涉及的外国法作为事实对待的时候，按照民事诉讼程序法的有关规则，一般当事人遵循两项原则：一个就是"谁主张谁举证"原则，在涉外案件中如果一方当事人主张适用外国法，那么就负有举证责任；另一个就是"自认"原则，即如果双方当事人就外国法的内容一致认可，法院就会直接采用，而不得要求当事人提供证据加以证明，即使法官知悉外国法内容或者判例法国家的法院曾审理过适用该外国法的判例，也不例外。

当事人举证外国法或者当事人负担外国法举证责任的方式一般被认为是与法官依职权查明相对应的方式，法官依照职权查明依靠的是法官的专业能力、法律教育背景和职业培训经历，法官既具有查明法律存在和内容的能力，也具有归纳法律信息的平台，在信息获取上具有绝对优势，但是这种优势成立的前提其实是适用法律限于本国法范围，也就是说法官的收集法律信息和知识的优势多存在于对本国法律的掌握，法官获得外国法知识的优越性往往会淹没于种类繁多的外国法的不确定性之中。基于此，对个案而言，处于诉讼纠纷之中或者与外国国家关系更密切的当事人可能比法官更熟悉相关外国法，对于涉外民商事案件，尤其是大标的额的案件，基本都配备了专业智识和技能较高的专业律师团队，对涉案国家的法律风险和法律法规都有比较系统的预测，这就决定了，当事人举证外国法可能达到效果和效率上的最优，也就是当事人承担外国法的举证责任甚至可能比法官依照职权查明外国法更为可行。换个角度，通过国际私法冲突规范确定当事人举证外国法的责任有利于充分调动和鼓励当事人提供相关外国法内容资料的积极性，关于外国法的内容和解释也会在双方当事人的对抗中越辩越明，有效解决了法官外国法智识上的盲区和短板。

当然，当事人负责证明外国法内容的方式也有其固有缺陷，当案件

---

① 李研：《英法两国关于外国法的查明问题之比较及其启示》，载于《郑州大学学报》（哲学社会科学版）2005 年第 5 期，第 70 页。

根据民事诉讼程序遵守"自认"原则的时候，如果双方当事人对于法律内容的理解是错误的，法院又不对认定内容加以纠正，可能在个案中纵容当事人串通规避法律的情况出现，抑或是，如果出现举证不能，那么对于负有举证责任一方当事人势必面临不利的诉讼后果，上述情况与当事人负担外国法举证责任所要达到的法律公平适用和案件公平审理的初衷有所背离。

当事人举证很大程度上取决于律师的作用，虽然律师并不见得掌握所有案件涉及的外国法资料和内容，但是他们从代理人处获得有效信息并进行整理归纳的能力以及从外国同行律师处或者本国外国法专家处获得正确外国法资料的能力显然优于当事人，甚至因为经济利益的驱使，积极性和主动性也优于法官职权查明方式，况且，外国法查明不仅在查，也要明，律师对于外国法资料和立法背景解读诠释的能力也是具有优势的，这点能帮助当事人在相关工作中迅速获得突破。

三、法官依照职权查明为主，当事人举证责任为辅

另外还有一些国家主张，外国法查明中所涉及的外国法不同于普通的事实，也与内国法的查明和适用存在很大差异，所以单纯的当事人举证或者法官查明都不合理，而应该原则上由法官依照职权查明，但在一定条件下，也可以与当事人合作或者辅助查明或者经法院请求由当事人提供证据加以证明。有学者认为，德国和瑞士、秘鲁等国家就是采用这种做法，外国法原则上应由法院按照职权进行查明，但法院也有权利要求当事人进行查明合作，比如《德国民事诉讼法典》第 193 条规定：当事人以法官所不知之外国的现行法、习惯法和自治法规为限负有举证之责，在调查这些法规时法院不以当事人所提出的证据为限，亦得依其职权从事调查，法院为调查证据，亦得利用其他信息来源或为必要之处分[①]；《瑞士联邦国际私法法规》规定：应由法官依职权查明外国法内

---

① 韩德培：《国际私法》，高等教育出版社、北京大学出版社 2000 年版，第 137 页。

容，法官可以要求当事人予以合作，在财产事项方面，得令当事人负举证责任[1]；《秘鲁民法典》规定，对于依冲突规范援引的外国法，在法院依职权查明的同时双方当事人可以提供证据证明外国法是否存在及其内容如何；《突尼斯国际私法典》第 32 条规定："法官可以在所知法范围内依照职权主动证明外国法内容，但必须在合理时限内，如果法官不能提出证明，可以要求当事人提供协助。"

笔者进一步就"一带一路"相关国家的外国法查明规则进行了总结，发现采取此种责任分配方式的国家不在少数，例如东亚国家蒙古国，《蒙古国民法典》第 425 条规定："法院和仲裁机构在适用外国法时，要依据官方解释和利用实践确定相关外国法规则的内容，当事人有权提供相关文件证明外国法相应规则的内容。"在西亚国家中以土耳其为代表，《土耳其国际私法和国际诉讼程序法》第 2 条规定："法官可依照土耳其冲突规范的相关规定适用有关的外国法，如果需要查明外国法，法官可以要求当事人提供协助。"

在中亚五国中，以哈萨克斯坦为代表，《哈萨克斯坦共和国民法典》第 1086 条第 1 款规定："法院应该依照外国法的官方解释、司法实践和学说查明相关规范的内容"，第 3 款规定："如果有权提交足以证实其据以提出请求或者抗辩的外国法律规范内容的文件，或者以其他方式协助法院查明该规范的内容"。在独联体七国中典型的有俄罗斯和白俄罗斯，《俄罗斯民法典》第 1191 条第 1 款规定："适用外国法之法院应该依照外国官方解释、司法实践和学说确定外国法内容"，第 1191 条第 2 款规定："在处理与当事人实施的企业行为有关之请求时，法院可以要求当事人承担证明外国法规范内容的责任"；《白俄罗斯共和国民法典》第 1095 条第 1 款规定："如果适用外国法律，法院或者其他国家机关应保证在与有关国家的官方解释、司法实践和学说相一致的前提下完成查明工作"。在中东欧十几个国家中典型的有匈牙利和罗马尼亚，《匈牙利国际私法》第 5 条第 1 款规定："法院或者其他机关应依照职

---

[1] 陈卫佐：《瑞士国际私法法典研究》，法律出版社 1998 年版，第 49 页。

权主动查明其不熟悉的外国法，必要时应该取得专家证言并可参考当事人提供的关于外国法的相关资料"；《罗马尼亚关于调整国际私法法律关系的第 105 号法》第 7 条规定："外国法由法院根据该外国法所涉国家政府机关索要之证明或者根据专家证言等方式查明，也可以要求选择适用该外国法作为证据的当事人出具法律内容证明"。①

按照这个思路，我国的外国法查明的主体安排和责任配置也可以认为是这种形式，根据《涉外民事关系法律适用法》第 10 条的规定："涉外民事关系适用的外国法律，由人民法院、仲裁机构或者行政机关查明。当事人选择适用外国法律的，应当提供该国法律。"也就是说在当事人意思自治选择法律适用的范围以外，法官依照职权查明外国法，当事人自由选择的范围基本局限在按照法律规定当事人可以自由选择适用法律的民商事领域，比如合同领域和法官在审理案件过程中允许当事人对适用法律表达喜好的案件范畴。这种法官和当事人分工查明的方式还是比较符合目前的理论和实务的要求的，既然我国法学理论界基于外国法的"法律"或者"事实"的定性意义不大的看法而更加认可民事诉讼上的"以事实为依据，以法律为准绳"的原则，那么法院在审理涉外案件时，无论外国法是"法律"或者"事实"，都应该由法官依照职权查明为主要原则。

另外，关于《德国民事诉讼法典》第 193 条外国法查明规定的一种新观点值得关注。从字面意思以及大多数学者的见解看，德国采用的是法官依职权查明，当事人也有证明外国法义务的查明责任分配原则，但究其实质却别有意涵②。虽然依照 193 条的规定，看似法官和当事人都不同程度地对外国法查明负有义务，但实则基于学界对于外国法的"法律"的定性，无论是判例还是学说都更倾向于严格按照法官职权查明外

---

① 以上条文均出自李双元、欧福永、熊之才：《国际私法教学参考资料选编》，北京大学出版社 2002 年版，转引自刘来平：《外国法的查明》，法律出版社 2007 年版，第 59～61 页。

② ［德］金德尔·奥斯堡：《民事诉讼杂志》1998 年第 2 期，第 177 页。Johann Kindl Ausburg Auslaendisches Rechtvordeutschen Gerichten ZZP 111. Heft 2. 1998, S. 177. 转引自徐鹏：《外国法查明：规则借鉴中的思考——以德国外国法查明制度为参照》，载于《比较法研究》2007 年第 2 期，第 66 页。

国法的责任分配。那么既然如此，为何德国法律不明确规定法官依照职权查明外国法，反而会给人一种模棱两可的感觉，这种规定的价值在于既坚持了冲突法的基本逻辑和理解，没有给当事人设置外国法查明问题上的责任，也解除了僵化的法律规定带给法官的束缚，使法官可以接受当事人举证的便利却又不用受制于当事人提交的材料。换言之，这种规定的核心在于法官查明外国法是一种"应该"的职责，而当事人提交外国法证据是一种"可以"的实践，后者并不违背德国"法官知法"的基本原则，反而促成德国关于外国法查明的实践成为一种固守理论学说又关照实践体验的严密体系，法官的职权查明义务是否尽到也会受到当事人和上级法院的监督。我国的相关规定显然并没有过多地参考德国的样式，因为对于德国规定的理解本身存在着诸多的争议和不确定性，即使立法者参考了上述新的论点，也并没有采取仿照的做法，因为《涉外民事关系法律适用法》第 10 条的规定是以法官职权查明为原则，特定条件当事人举证为辅，也就是说凡是涉外民商事案件中需要查明外国法而又不属于法定的当事人有义务查明的情况，法官即使不知法也有义务依照职权查明，这种属于比较明确的分工，而德国法上述理解下只要法官不知法而当事人又不排斥提供相关材料的话，就可以采用当事人举证的方式，这并非明确的分工。但是有一点可以肯定的是，虽然中国法律规定和德国法律的内容和分工都不相同，但都一致性地坚持法官依职权查明为基本原则，以当事人提供外国法资料为例外情况，那么就起码看似完成了冲突体系建构逻辑的理论预设、诉讼主体的程序利益需求和诉讼程序经济运行效率要求之间关系的理论反思和实践调整的共识。

四、当事人举证为主，法官依照职权查明为辅

采用这种做法的国家和地区相对较少，也具有一定争议，典型的国家是法国。和大多数大陆法系国家将外国法当作"法律"的看法不同，法国将外国法当做一种"事实"，学者比较常引用两个判例作为探讨法国外国法查明责任安排的依据，法国在 1959 年和 1960 年两个典型判决

中认为法官并无相应一定之义务依职权去了解和适用外国法，而应当由当事人证明外国法规范的存在并且查明其内容，当然了尽管判决非常注重倾向规定当事人在外国法查明中的作用和地位，如果法院或者法官了解外国法或者愿意查明外国法，法官依然可以自行查明和适用外国法①。但实际上关注这两个案例的后续发展就会发现，这种当事人举证为主，法官依照职权查明为辅的主张即使在法国也没有站得住脚，因为1988年法国最高上诉法院在两个最新的判决中推翻了这一看法，在当事人和法官对于外国法查明责任的分配上像多数国家一样选择了由法官承担更主要的查明外国法的义务，在法国法院的涉外案件按照冲突规范应该适用外国法的情况下，无论当事人是否选择适用或者约定适用外国法，法官都应该依照职权查证所涉及外国法的内容。综上，其实法国法院的外国法查明责任分配的立场经历了两个过程，一个就是当事人提供外国法资料为主，这一阶段主要采用当事人提供"书面声明"的方式加以证明；另一个就是法官依照职权查证外国法，当发展到这一阶段法国法院像大部分大陆法系国家一样最终回归了将外国法当做"法律"而不是"事实"的传统逻辑。

无论是当事人举证为主还是法院职权查明为主，本质上都属于折中说，理论经过司法实践的弱化，也多数演变为当事人和法官的相互配合和帮助，往往以如何高效便捷地解决外国法查明问题作为责任分配标准，尤其是要针对个案特点，调动一切司法资源，最大限度地满足当事人对于司法公正和效率的期盼。

做一个更广范围的外国法查明方法的统计，对包括33个"一带一路"沿线国家在内的75个主要国家和地区的外国法查明模式进行分析发现（见表3-1和图3-1）：采用法院依职权查明模式的有11个国家，占比15%；当事人把外国法当作事实举证的有19个国家，占比25%；法院职权查明为主，当事人证明为辅的大概11个国家，占比

① ［加拿大］威廉·泰特雷：《国际冲突法：普通法、大陆法及海事法》，刘兴莉译，黄进校，法律出版社2003年版，第513页。

15%；当事人证明为主，法院职权查明为辅的包括3个国家和地区，占比4%；如果将法院查明和法院为主查明合并到一起占比30%，如果把当事人查明和当事人为主查明合并到一起占比29%；剩余41%属于无法根据立法或者司法实践明确区分法院依照职权查明和当事人举证哪种方法为主或者立法明确规定两种主体不分主次，合作查明外国法①。单独分析"一带一路"国家和地区，采用依职权查明方式的有15%，采用当事人举证的有24%，法院查明为主当事人举证为辅的有21%，法院和当事人共同承担查明责任的有39%，综合来看，法院总体上还是承担了更多的外国法查明责任和义务。

表3-1　包括"一带一路"33个国家在内的多个国家和地区的
外国法查明模式的分析

外国法查明模式	国家				
法院依职权查明（11个国家）	*波兰	*希腊	*格鲁吉亚	*斯洛文尼亚	*爱沙尼亚
	意大利	德国	法国	荷兰	奥地利
	摩洛哥				
当事人证明（19个国家）	*埃及	*以色列	*塞浦路斯	*斯里兰卡	*约旦
	*菲律宾	*印度	*马来西亚	爱尔兰	英国
	北爱尔兰	加拿大	南非	*澳大利亚	新西兰
	墨西哥	阿根廷	摩纳哥	*马耳他	
法院职权查明为主，当事人证明为辅（11个国家）	*中国	*俄罗斯	*匈牙利	*白俄罗斯	*土耳其
	*蒙古国	*哈萨克斯坦共和国	瑞士	突尼斯	罗马尼亚
	秘鲁				

---

① 因为笔者是根据可查询的立法和司法实践的相关文献做的数据分析，所以难免因为数据有限而导致分析结果不能完全尽如人意，另外，法律条文的规定并非如表面意义所展现的那么简单，会产生不同学者不同理解，或者立法和司法实践不完全一致等诸多复杂的情况。该数据仅能反映主要国家对待外国法查明责任安排的基本态度，而很难反映两大法系真实的相关制度全貌。但是可以得出的结论是，无论是当事人查明的方式，还是法院依照职权查明的方式都在各国占据越来越重要的地位，而且两大法系不再纠结于外国法是"事实"或者"法律"的性质和方法的逻辑关系而踟蹰不前，更多的是关注查明模式本身对法律适用的意义、对内外国法平等对待的价值理念以及涉外案件的审理效果。

续表

外国法查明模式	国家				
当事人证明为主，法院职权查明为辅（3个国家和地区）	美国	挪威	中国台湾地区		
法院和当事人共同承担查明外国法的责任（31个国家）	*乌克兰	*塞尔维亚	*拉脱维亚	*立陶宛	*捷克
	*斯洛伐克	*马其顿	*波黑	*黑山共和国	*阿尔巴尼亚
	*保加利亚	*克罗地亚	韩国	瑞典	西班牙
	葡萄牙	冰岛	日本	芬兰	巴西
	丹麦	比利时	卢森堡	巴拿马	巴拉圭
	智利	乌拉圭	委内瑞拉	厄瓜多尔	苏里南

注意：带 " * " 表示 "一带一路" 沿线国

资料来源：Carlos Esplugues JoséLuis Iglesias Guillermo Palao：Application of Foreign Law, Sellier. European Law Publishers Gmb H, Munich. 2011；Shaheeza Alalani, Establishing of the Foreign Law：A Comparative Study. 20 MJ 1, 2013, p89 – 99.

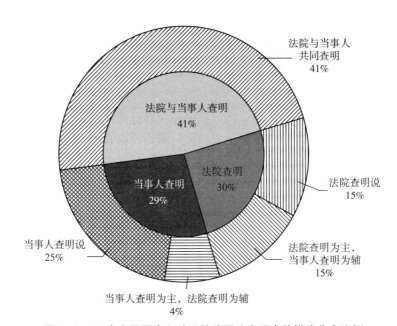

图 3 – 1 75 个主要国家和地区的外国法查明案件模式分布比例

资料来源：王显荣：《外国法适用论》，西南政法大学博士学位论文，2014 年，第 131 ~ 132 页。

第三节　外国法的查明方法

关于外国法查明的责任分配和查明方法经常被当作一个问题。比如，著名学者李双元和欧福永就在其著作中提道："如何查明该外国法的存在和确定其内容"，"外国法的查明方法"包括（1）由当事人举证证明，也叫"听讯原则"；（2）法官依职权查明，无须当事人举证，也称为"调查原则"；（3）法官依职权查明，但是当事人也负有协助义务①。这其实指的是上文提到的外国法查明的主体安排或者责任分配，并非是具体查明的方法。

关于外国法查明问题，第一步是解决由谁查明的问题，第二步就是解决怎样查明的问题，所以外国法查明方法指的是外国法查明的具体方式、路径或者程序，这一无论是对于法院认知外国法效果抑或是案件适用外国法审理结果都影响颇大的问题具有非常明显的程序和技术性含义。

按照我国最高人民法院 1988 年 4 月 2 日印发的《〈民法通则〉若干问题的意见》第 193 条的规定，对于要适用外国法律的可以通过以下途径查明：第一，当事人提供的方式；第二，由和我国订有司法协助协定的缔约对方的中央机关提供；第三，由我国驻外国法所涉国的使领馆提供；第四，由外国法所涉外国驻我国使馆提供；第五，由中外法律专家提供。上述规定算是对外国法查明方法的一个相对比较全面的列举。

国际上关于外国法查明方法的比较系统的归纳就是 2006 年 4 月，海牙国际私法会议现在理事会的前身"一般事务和政策特别委员会"邀请常设局做了一份外国法跨国合作机制发展的可行性研究，被邀请参与会议的商事和家庭法专家认为对待外国法不需要获得一致的或者综合

---

① 李双元、欧福永：《国际私法》（第五版），北京大学出版社 2018 年版，第 135 页。其他相关学者的相关论述中也有将两者合并讨论的情况，比如韩德培：《国际私法新论》，武汉大学出版社 1997 年版，第 201～202 页；徐东根：《国际私法趋势论》，北京大学出版社 2005 年版，第 103 页。另外，李旺、徐东根、蒋新苗等学者也都有类似的用法。

性的协调，这样既没必要也无可能，只需要形成一种机制更高效地促成外国法的获得即可。按照后续所制作的关于调研查明外国法内容和信息实际困难的问卷中列明外国法查明方法的第17条的记载，共包括四大类，12小项，第一类（a、b、c项），需要专家协助或不需要专家协助的依照职权查明方式，这里的专家一般指律师事务所专业涉外律师、专业研究所和大学的外国法专家以及政府部门、大使馆和其他专业部门的事务性专家，这里的依照职权包括相关国家签订有双边或者多边条约，或者没有签订任何条约；第二类（d、e、f、g项），各方当事人达成协议，要么由当事人或者司法机关选择或者委任专家协助，要么根据双边或者多边条约提交信息请求；第三类（h、i、j、k），根据任何一方当事人不受对方或者第三方反对之请求或者双方共同请求，分为无专家协助、由司法机关选择委任专家予以协助或者一方或各方当事人委任专家协助、又或者通过双边或多边条约机制递交外国法查明的请求等具体几种情形；第四类（l项），其他方式。

根据具体问卷内容，按照所属法系和所处地理区域制成以下由67个国家外国法查明方法组成的一览表（如表3-2所示）。

表3-2 包括30个"一带一路"沿线国家在内的多个国家和地区
使用的外国法查明方法一览

法系	区域	国家	外国法查明方法
英美法系	西欧	爱尔兰	专家证人
		英国和北爱尔兰	①习惯证明书 ②双边/多边条约 ③专家证人 ④司法认知
	东南亚	*马来西亚	①相关文件 ②专家证人
		*菲律宾	①习惯证明书 ②相关文件 ③专家证人

续表

法系	区域	国家	外国法查明方法
英美法系	南亚	*印度	①相关文件
			②专家证人
			③司法认知
		*斯里兰卡	①相关文件
			②专家证人
	西亚	*土耳其	①双边/多边条约
			②相关文件
			③专家证人（大使馆/领事馆）
	非洲	南非	①相关文件
			②专家证人
			③司法认知
	大洋洲	澳大利亚	①相关文件
			②专家证人
	北美洲	加拿大	①专家证人
			②习惯证明书
		墨西哥	①多边条约
			②专家证人（大使馆/领事馆）
		美国	①习惯证明书
			②相关文件
			③专家证人
			④司法认知
大陆法系	北欧	丹麦	①双边/多边条约
			②相关文件
			③通过外交部调查
		芬兰	双边/多边条约
		冰岛	多边条约
		瑞典	①双边/多边条约
			②相关文件
			③专家证人
			④通过外交部调查

续表

法系	区域	国家	外国法查明方法
大陆法系	东欧	＊白俄罗斯	①多边条约 ②相关文件 ③专家证人 ④通过司法部调查
		＊爱沙尼亚	①多边条约 ②相关文件 ③专家证人 ④通过司法部、外交部调查
		＊拉脱维亚	①多边条约 ②相关文件 ③通过司法部调查
		＊立陶宛	①双边/多边条约 ②通过司法部/外交部调查
		＊俄罗斯联邦	①双边/多边条约 ②专家证人（包括大学） ③通过司法部调查 ④专业研究机构
		＊乌克兰	①多边条约 ②相关文件 ③专家证人（大使馆/领事馆） ④通过最高法院、司法部、外交部调查
	南欧	＊阿尔巴尼亚	①双边/多边条约 ②通过司法部/外交部调查
		波斯尼亚和黑塞哥维那	①双边条约 ②相关文件 ③通过司法部调查
		＊保加利亚	①双边/多边条约 ②相关文件 ③通过司法部调查 ④专业研究机构

续表

法系	区域	国家	外国法查明方法
大陆法系	南欧	*克罗地亚	①双边条约 ②相关文件 ③通过司法部调查
		*黑山共和国	①双边/多边条约 ②相关文件 ③通过司法部调查
		*希腊	①双边/多边条约 ②相关文件 ③专家证人 ④专业研究机构
		意大利	①双边/多边条约 ②通过司法部调查 ③专业研究机构
		马其他	①多边条约 ②相关文件 ③专家证人
		摩纳哥	相关文件
		*塞尔维亚	①双边/多边条约 ②相关文件 ③通过司法部调查
		*斯洛文尼亚	①双边/多边条约 ②相关文件 ③通过司法部/外交部调查
		*马其顿	①习惯证明书 ②双边/多边条约 ③通过司法部调查
		*罗马尼亚	①双边/多边条约 ②习惯证明书 ③相关文件 ④专家证人 ⑤通过司法部/外交部调查

续表

法系	区域	国家	外国法查明方法
大陆法系	西欧	比利时	①习惯证明书 ②双边/多变条约 ③通过外交部调查
		荷兰	①多边条约 ②相关文件 ③专家证人 ④专业研究机构
		法国	①习惯证明书 ②双边/多边条约 ③相关文件 ④专家证人 ⑤通过司法部调查
		西班牙	①双边/多边条约 ②相关文件 ③专家证人
		葡萄牙	①多边条约 ②相关文件 ③专家证人
	中欧	奥地利	①双边/多边条约 ②相关文件 ③专家证人 ④通过司法部调查
		＊捷克共和国	①双边/多边条约 ②通过司法部调查
		德国	①多边条约 ②相关文件 ③专家证人 ④专业研究机构
		＊匈牙利	①双边/多边条约 ②专家证人 ③通过司法部调查

续表

法系	区域	国家	外国法查明方法
大陆法系	中欧	卢森堡	①习惯证明书 ②多边条约 ③相关文件 ④专家报告 ⑤司法认知
		*斯洛伐克	①双边/多边条约 ②通过司法部调查
		瑞士	①多边条约 ②相关文件 ③专业研究机构
		*波兰	①双边/多边条约 ②专家证人 ③通过司法部调查
	东亚	日本	①相关文件 ②专家证人（大使馆/领事馆） ③通过最高法院调查
		韩国	①相关文件 ②专家证人
		*中国	①双边条约 ②专家证人（大使馆/领事馆）
	西亚	*格鲁吉亚	①多边条约 ②相关文件 ③专家证人（大使馆/使领馆）
		*以色列	①相关文件 ②专家证人
		*约旦	①习惯证明书 ②相关文件 ③专家证人 ④通过司法部/外交部调查
		*塞浦路斯	①双边/多边条约 ②专家证人

续表

法系	区域	国家	外国法查明方法
大陆法系	非洲	*埃及	双边/多边条约
		摩洛哥	①双边条约 ②相关文件 ③专家证人
	北美洲	魁北克	①专家证人 ②习惯证明书 ③专家证人
	南美洲	委内瑞拉	①习惯证明书 ②多边条约
		乌拉圭	双边/多边条约
		阿根廷	①双边/多边条约 ②相关文件 ③专家证人（大使馆、领事馆和大学）
		巴西	①习惯证明书 ②双边/多边条约 ③相关文件 ④专家证人（大使馆/领事馆）
		智利	①双边/多边条约 ②相关文件 ③专家证人
		厄瓜多尔	①习惯证明书 ②双边/多边条约 ③相关文件
		巴拉圭	多边条约
		秘鲁	①多边条约 ②专家证人（大使馆/领事馆）
		苏里南	习惯证明书

说明：
（1）此表根据 2006 年 4 月海牙国际私法会议所做的"外国法跨国合作机制发展的可行性研究"关于调研查明外国法内容和信息实际困难的问卷中列明的外国法查明方法归纳而成，外国法查明方法包括：①习惯证明书①；②双边/多边条约；③相关文件（立法、法理和案例）；④专家证人（包括大使馆/领事馆和大学）；⑤通过最高法院、司法部/外交部调查；⑥专业研究机构；⑦司法认知。
（2）表中带 * 的国家属于"一带一路"沿线国家。

资料来源：See Shaheeza Alalani：Establishing of the Foreign Law：A Comparative Study. 20 MJ1，2013，p89 - 99. 转引自王显荣：《外国法适用论》，西南政法大学博士学位论文，2014年，第 166 ~ 169 页。

总结我国立法的相关规定以及两大法系典型国家的司法实践，可以归纳出以下几种主要的外国法查明方式或者途径：

一、专家意见

虽然每个国家的外国法查明方法都种类繁多、各不相同，但是由于有些外国法无论对于法官还是当事人来说总归是陌生的，所以要确定外国法的内容，通常要依赖熟悉外国法知识的专家，这就导致在大陆法系和英美法系国家，专家查明都是最主要的查明方法之一。所谓专家查明，是指受过一定教育和训练，精通某国或者某些国家的法律知识或者

---

① 习惯证明书（certificats de coutume）是就某一具体的涉外民商事案件对外国法内容进行证明的专业文书。过去，通常由律师、公证人、商会商人在内的专家起草，用于证明习惯法，之后渐渐用于证明包括成文法在内的外国法。习惯证明书一般要当事人提出申请，当事人要支付相应费用，例外情况下，某些官方机构，例如，国家之间互驻的大使馆和领事馆、宗教机构等也可以出具习惯证明书。在法国，习惯证明书是比较常见的外国法查明方法，其性质也因为委托方主体不同而有所差别，如果是当事人申请由外交和领事机构出具的意见则类似于当事人通过外交途径查明的涉外证据，如果是当事人委托专家出具的习惯证明书则更加类似于英美法国家的专家证人证言或者宣誓陈述书，各国法官对于习惯证明书的约束力的看法也会有差别，法院会基于不同的法律性质对习惯证明书进行是否采纳和采纳多少的判断。See Carlos Esplugues：José Luis Lglesias，Guillermo Palao，Application of Foreign Law. Sellier European Law Publishers，2011，p. 191.

在某些外国法领域具有较深研究的专业人士，他们所提供的有关涉外民商事案件要适用的外国法是否存在以及具体内容的见解。各国专家基本来自上文所提到的律师事务所的专业涉外律师、科研机构和高等院校的外国法专家以及政府部门、大使馆和其他专业部门的事务性专家。

我国也针对"一带一路"的建设工作形成了一批智库，从包括法律在内的各个视角为"一带一路"建设工作提供智力保障。根据国家信息中心"一带一路"大数据中心编著的《"一带一路"大数据报告（2017）》的智库相关数据，"一带一路"相关智库机构数量不断增长，主要分布于北京、上海、广东、福建、陕西等"一带一路"战略性城市和地域，专家的研究内容广泛丰富、成果形式多样，其中不乏关于法律法规方面的论文、研究报告、专著、调研报告等（见表3-3）。虽然"一带一路"的智库建设和人才队伍建设正在日趋优化，但是和国际高端智库相比较，其理论体系的完善性、话语体系的权威性、人才队伍的合理性以及合作交流机制等方面都存在很大的问题，尤其是智库比较偏重于经济方向的扩展，而且并没有将经济学、政治学、法学、伦理学、历史学、社会学、心理学、管理学、人类学、民俗学等社会学科体系的专家做细致的分类，这对于具体工作的开展而言显然缺乏更具有针对性的专家支持，司法支持力稍显不足。

表3-3　　　　"一带一路"领域最具影响力的智库排名

排名	国家级智库	地方性智库	社会智库	高校智库
1	中国社会科学院	上海国际问题研究院	中国国际经济交流中心	中国人民大学重阳金融研究院
2	国务院发展研究中心	上海社会科学院	中国与全球化智库	北京大学国家发展研究院
3	中国现代国际关系研究院	广东国际战略研究院	察哈尔学会	清华大学中国与世界经济研究中心
4	中国国际问题研究院	四川省社会科学院	盘古智库	西北大学丝绸之路研究院
5	商务部国际贸易经济合作研究院	广西社会科学院	蓝迪国际智库	北京交通大学丝绸之路研究中心

续表

排名	国家级智库	地方性智库	社会智库	高校智库
6	中共中央党校	福建社会科学院	一带一路百人论坛	北京第二外国语学院中国"一带一路"战略研究院
7	国家信息中心	广东省社会科学院	凤凰国际智库	上海外国语大学中东研究所
8	当代世界研究中心	陕西省社会科学院	中国（深圳）综合开发研究院	兰州大学中亚研究院
9	中国宏观经济研究院	新疆社会科学院	瞭望智库	华侨大学海上丝绸之路研究院
10	中国科学院地理科学与资源研究所	青海省社会科学院	零点有数	中国人民大学重阳金融研究院

资料来源：蒋新宇：《"一带一路"领域最具影响力的智库及专家排名》，2017 年 10 月 16 日，中国网，http：//politics. rmlt. com. cn/2017/1016/499567. shtml。

　　各国对于专家资质的界定往往存在不同的标准，但对于外国法专家的"特殊性"也都有比较一致的共识，包括：第一，从查明内容的角度来说，外国法专家需要提供外国法内容或者相关法律意见，既要证明外国法的存在，应法官或者当事人要求也要在必要情况下提供相应的法律说明或者解释，正如英国学者莫里斯（J. H. C. Morris）所说：适用的域外法的证明不能仅仅依靠提供外国法的证明文本或者国外判例、著作这一类普通证据，还需要专家协助下作出的对于域外法的评价和解释①②。也就是说专家被希望贡献的是自己对于案件所涉的外国法的了解，并应该就此出庭参加质证和交叉质证，而不被寄希望于贡献自己关

―――――――

　　① 资料来源：A. V. Dicey & J. H. C. Morris：The Conflict of Laws （12th ed. ），London：Sweet & Maxwell 1993，p. 230.

　　② 这里的解释也可能是判例法国家没有权威的或者直接的解释意见可供法官参考时，专家还要协助法院找出与所涉案件相类似的相关判例，例如，英国 19 世纪中期就曾出现过一个案例，法官曾指出：专家证人的作用不仅仅在于明确法律的文字内容，也包括分析文字下面隐含的适当的解释，阐释法律价值和法律适用的结果。资料来源：Nelson v. Birdport 1845 50 Eng. Rep. 207，211.

于最后适用法律的判断，即专家证人不能代替律师或者法官的身份。第二，从专家意见的服务对象来看，专家意见可以是法院请求下产生的，司法实践中，有的专家意见是当法院遇到外国法查明问题时，临时或者固定地向有关机构或者个人发出咨询邀请产生的，当然也可以是当事人向专家邀请产生专家意见，这种由当事人提供专家意见的情况往往伴随着对于专家选取或者专家意见采纳的倾向性，就需要在法庭上由法官主持或者引导进行更充分的交互询问，如果一方当事人所提供的的专家意见被对方当事人接受，法官也常常会选择采信该专家意见的内容确定外国法，如果双方当事人提供了来自不同专家的相关冲突的不同证言，法官还要进一步研究论证作出中立的判断。第三，从专家的主体地位和性质来看，法律专家往往受到与传统的律师、司法鉴定人和专家辅助人不同的法律规制，"专家"可能是自然人，比如大学法学院的教授，也可能是由一群凭借外国法知识为法院查明和适用外国法出具意见的专家组成的专业机构，比如律师事务所或者法律服务中心，这其中成就卓著的当属德国的马克斯－普朗克研究所[①]，该机构成立于 20 世纪初期，在若干个法律研究中心中，主要由位于汉堡的比较法与国际私法研究所（The Planck Institute for Comparative and International Private Law），1926 年曾名为威廉皇帝外国私法与国际私法研究所，提供外国法意见，该机构所积累的关于欧盟、中东、东亚、拉美、南非和美国等地的国际私法、商法、程序法领域的基本法律研究资料成为德国法官外国法查明的最佳智

---

① 德国马克斯－普朗克研究所作为德国的基础研究机构，成立于 20 世纪初期，学校每年发行 15000 份研究文献，有近 5000 个国际合作项目，研究院和研究机构多达 80 个，研究领域涵盖天文学、化学、数学、医学等 20 多个类目，其中也包括法学，设有如下法学研究机构：社会法律与社会政策，慕尼黑（Social Law and Social Policy, München）；欧洲法律史，法兰克福（European Legal History, Frankfurt/Main）；比较与国际私法，汉堡（Comparative and International Private Law, Hamburg）；外国与国际刑法，佛莱堡（Foreign and International Criminal Law, Freiburg）；比较公法与国际法，海德堡（Comparative Public Law and International Law, Heidelberg）；国际欧洲规范程序法，卢森堡（Max Planck Institute Luxembourg for International, European and Regulatory Procedural Law, Luxemburg）。

库①。该机构所出具的意见书虽然是专家个人署名，但是为了保证鉴定意见的准确性和机构服务案件的意见一致性，专家的个人意见还要经过一定程序接受机构内部组织的审查②。

英国是最为典型的具有丰富专家证人的司法实践的国家，在英国外国法被当作"事实"，所以，对于外国法的证明通常是通过专家证据来证明完成③。个别情况下，书面证据经过宣誓就可采信，大多数情况下，外国法是需要经过双方当事人委任的专家证人进行口头质询的，与我国专家证人的证明力主要来自对于某种外国法的熟悉或者在自己工作领域业绩卓著不同，英国法院对于专家证言权威性的认可更多地来自专家所提供的证据本身所具有的严密的逻辑和高度的连贯性，这种证据本身很大程度上成为法官判决中的内容和解释说明。同为英美法系国家，美国的专家意见制度更多采用"宣誓书"的形式，反而少数情况下才要求专家出庭质证，在这一点上，美国的外国法查明专家证人制度和英国渐行渐远，但是没有变化的是无论在英国还是美国专家证人都要对法院将要适用什么法律做出说明，并就法律内容和深层含义进行解释。④

（一）关于专家的资质

不同于其他领域的专家有明确的资质要求，例如会计师需要会计从业资格证和注册会计师证，建筑师需要注册建筑师证，医生需要医师从业资格证，教师需要教师资格证，外国法查明工作中委托的专家的资质各国往往存在机制缺失或者准入门槛低的问题。我国立法也无相关细化的规定，司法实践来看外国法专家多是来自精通涉外案件的律师或者高

---

① 高晓力：《涉外民商事审判实践中外国法的查明》，载于《武大国际法评论》2014 年第 2 期，第 331～344 页。

② Douglas R. Tueller：Reaching and Applying Foreign law in West Germany：A Systemic Study, 19 Stan, J, int'I L. 99, 126（1983）.

③ Dicey and Morris：The Conflict of Laws, 13th ed., London：Sweet &Maxwell, 2000, p. 225.

④ Roger J. Miner, The Reception of Foreign Law in the U. S. Feferal Courts, Am. J. Comp. L., Vol. 43, 1996, p. 586.

校从事比较法或者国际法研究的法学教授，遴选程序和标准并无定论，外国法证明效果也参差不齐。英国《民事证据法》第 4 条第 1 款规定，在涉外案件中，如果有人对外国法具有一定丰富经验或者较高的熟悉程度，不论其是否具备相关国家的律师或者其他法律实务工作的从业资质，即使是学者、商业人员、政府从业人员，甚至只是常年居住在国外的人，只要通过证言让法官信任其在外国法上的专门知识和能力，就可以成为适格专家①。美国关于专家证人的标准非常灵活，由法官自己裁量和掌握，按照《联邦证据规则》的第 702 条 a 款的规定，专家不必是从事相关实践的人士，只要该专家的科学、技术或者其他专业知识有助于理解证据或者事实问题，或者说其凭借阅历所具有的法律知识、技术、经验、专业训练或者教育比法官更加优越并且得到法官认可就成为适格的专家，从而可以以意见或者其他形式作出证言②。当然，这并不能说明美国法院处理相关案件的标准就更低，相反，在美国的司法实践中，法官往往会比较谨慎地对待专家证人的证言，比如在美国的 "Chadwick v. Arabian" 一案中关于沙特阿拉伯法律问题的意见，原告聘请了一位土生土长的沙特阿拉伯国家的美国人出具专家意见，但是法院最终综合考量并未采纳其意见③。而且，美国的法官对于可获取的各类专家证言如果出现矛盾的情况，通常比较证人具有的实践经验的丰富程度来做证言的效力判断④。德国法院在专家的个人选择上规定了明确的标准，一般包括三点，第一，专家必须处于比较独立的地位，与案件当事人和案件无利益关系，否则法院的委托将被认为属于职权行为的过失；第二，专家必须具备一定的外国法知识，要有关于外国法和本国法的差异比较能力；第三，专家要有实务分析和解决能力，仅仅了解外国

---

① J. G. Collier, Conflict of Laws, 3rd ed. , Cambridge：Cambridge University Press 2001, pp. 34 – 35.

② 参见 Rule 702. Testimony by Experts, Federal Rules of Evidence.

③ Chadwick v. Arabian American oil Co. ［656 F. supp. 857. 861 (Del. 1987）］.

④ 王杰：《论我国外国法查明中的专家查明》，南京师范大学硕士学位论文，2020 年，第 6 页。

法文献而不精通实务并不能算作适格的专家①。

那么到底应不应该设置明确甚至严格的专家资质认定标准，该标准对于外国法查明工作的意义和价值如何，这些都是值得商榷的问题。事实上，虽然外国法适用的案件在所有涉外民商事案件中所占据的比例并不算太高，但是外国法适用的正确与否以及适用效果对于涉外案件审理质效的提高，尤其是构建和完善"一带一路"建设法律服务的基本保障都是至关重要的。从近期利益看，完善专家资质制度将耗费不少司法资源且不见得有立竿见影的明显收益，也就是法律投入的性价比是比较低的；但从长远发展看，该制度的完善对于我国法院系统积累更多常用的涉外国家的法律知识、信息和法律文化资料，形成更健全的外国法适用制度都是至关重要的。况且，并不是说要一味地追求外国法查明专家资质的高标准和高门槛，而是应该根据地区和案件的特性，摒弃一刀切，用更具包容性和概括性的规范性制度促进外国法专家制度的专业化和高效化地快速成熟和发展，以保障涉外案件中当事人从每一个案件中获得中国司法服务的优质的体验，从每一个具体案件中感受到正义和公平。

结合各国的具体实践，笔者认为考虑到司法成本的限制，法院其实可以根据受理涉外案件的数量来具体确定是否需要设置专门的外国法专家认证制度，即使不设专项制度的，也可以通过其他的身份认证完成"专家"的鉴定。专家应设置三重鉴定标准：

第一重，身份证明。通过专业身份圈定专家范围，专家应从以下工作范围内进行遴选。第一类，长期从事外国法理论研究的学者，包括高校教授和科研院所的科研人员，还可结合具体案件要求限定高校和科研院所的级别，甚至可以通过上述人员的研究成果、职务职称来进行更严格的遴选；第二类，具有丰富实践或者实务经验的专业人士，包括律师事务所的律师、公司法务以及其他政府部门的工作人员，例如对某外国

---

① 肖芳：《论外国法的查明——中国法视角下的比较法研究》，北京大学出版社 2010 年版，第 104 页。

法非常熟悉的使领馆的工作人员，对这一类工作人员的遴选往往要结合其近三到五年的外国法工作经验，保证其外国法知识的时效性和实用性；第三类，其他对外国法内容比较熟悉的职业人士，例如长期从事某国国际贸易的商人、公司雇员，因为这一类人相对比前两类人的社会随机性更大，也缺乏相应的专业和身份资质的证明，必须提供更令人信服的外国法经验证明，甚至可以要求其最好具有相应的专家证明工作经验。

第二重，语言能力证明。外国法专家必须同时熟悉受理案件的法院地国语言和所涉外国语言两种语言，这里的熟悉不是简单的能听写看，而应该对外国的法律术语、法律背景、法律文化有比较深刻的理解和分析能力，能用法院地国口头和书面语言清晰而具有逻辑地展现所查明的外国法内容和解释，并利用一定的辩论能力接受法庭对于其出具意见的充分质证和交叉问询。

第三重，人格证明。专家证明工作因为对专家意见的客观性和公正性的要求极高，所以不能仅仅因为其具有一定程度的外国法知识就简单委任，而是应该要求提供专家诚信和公正品质的担保，比如特定身份和职业下工作单位出具的诚信证明或者无不诚信记录的证明，或者在筛选专家时以加入某些权威性组织或者具有某些重要社会兼职和头衔的名望之士为主，因为这类人群更容易就不良品行表现受到社会大众的监督。总而言之，应该更多地依靠和利用社会固有的对外国法专家的资质鉴定标准来简化鉴定程序，规范专家判断标准，减轻法官对专家遴选的负担，节约司法资源，提高专家筛选效果。

（二）关于专家的查明程序

因为受当事人主义的价值观的影响，当外国法查明责任归属于法院时，英美法国家的法官其实比较少会主动启动专家委托程序，但对于当事人所提供的外国法资料则会当做证人证言并进行充分的自由裁量，发挥裁判作用的其实仍然是法官；而在大陆法系情况则完全不同，强势的职权主义导致当事人对于查明程序的参与很少，法院会主动决定是否启动查明程序，专家意见的引入不是为了辅助当事人完成举证和质证，而是为了弥补法官在适用外国法上的信息缺陷或者短板,正因如此,专家所发表的意见往往不仅是法律本身,往往还有法律适用方面的意见,这样可能导致外国法专家替代了法官的一部分裁判的责任,这与英美法系国家的做法显然存在不同。

外国法专家是当事人委托的情况其实更为常见,双方当事人都有充分的自主权委托专家对所适用的外国法发表意见,但因为这种委托的法律根据其实是委托合同,而当事人和专家之间是委托人和受托人之间的关系,就注定了专家的被雇佣的性质,这就很难保证专家意见的客观性和中立性,在英国往往采用交叉询问的方式来向专家求证外国法①。司法实践中不仅拖沓了办案的节奏,也可能因为专家的偏向性严重影响法律适用的效果,英国在后续的民事诉讼规则中作了一部分修订,对专家证人制度进行了一定限制和引导。比如,《民事证据法》第 35.1 条规定专家意见的运用仅限于解决诉讼上合理必要之事项;第 35.3 条第 1 款规定专家有义务帮助法院,该义务优先于他对委托人的责任;第 35.4 条规定无法院之许可,当事人不得传唤证人或者提交专家意见。上述立法虽然对于减轻专家偏向性所导致的法律适用不公的意图非常明显,但是效果却无法预期和确认②。当然,这种弊端在一些要求当事人在选聘专家时采用"单一共同专家"的国家可能得到了一定程度上的克服。

与英国不同,美国并不认可对当事人委托的专家进行交叉询问这一方式,法庭通常会要求专家出具书面的宣誓陈述书或者其他类似的书面法律意见,意见内容还需附上翻译副本,对于法院委托的专家一般要接受交叉询问,这种处理方式其实是出于保护法院委托专家情况下当事人最大程度行使参与程序的权利,按照美国联邦证据规则第 706 条的规定,专家应该极尽所能将所知外国法的信息告知当事人,当事人可以主

---

① Tristram Hodgkinson, Mark James, Expert Evidence: Law and Practice. London: Sweet & Maxwell, 2010, pp. 8-014.

② 资料来源:英国司法部网站,2022 年 1 月 21 日最后访问,http://www.justice.gov.uk/courts/procedure-rules/civil/rules/part35#IDASLICC.

动召唤专家也可以要求解聘专家①。这种做法的关键在于法院对于专家聘任的主动权和充分把握，该设计更利于从专家处获得无偏向性的外国法信息，但从另一面说，法院对于外国法程序上的过分参与是不是会造成与当事人对抗的民事诉讼体系和司法习惯的冲突和不协调，这些问题都值得深思。

2012年最高人民法院关于适用《中华人民共和国涉外民事关系法律适用法》若干问题的解释（一）（以下简称《涉外民事关系法律适用法》解释（一））第十八条规定："人民法院应当听取各方当事人对应当适用的外国法律的内容及其理解与适用的意见，当事人对该外国法律的内容及其理解与适用均无异议的，人民法院可以予以确认；当事人有异议的，由人民法院审查认定。"该条规定意味着在中国无论是法院提供的专家还是当事人委托的专家所出具的专家意见，均需经过审查和质证程序才能作为裁判依据。如果是一方当事人委托的专家所出具的意见，另一方当事人没有提出任何异议，法院法官在审查确认后可予以适用，在司法实践中也会常常出现一方当事人对另一方当事人或者法院提供的外国法资料不置可否的情况，或者缺席庭审，那么法院均可发挥职权作用对专家意见做最后确认。除此之外，只要当事人对专家意见提出异议的，都应当进行庭审质证。质证的内容可以包括：第一，专家资质质证，具体可能涉及专家的职业资质、业务能力、实务经验、语言能力、业绩水平等；第二，专家独立性质证，专家与案件任何一方当事人、代理人及其近亲属有无关联，与案件利益有无牵连，这里可以参考法律回避关系的相关规定，以保证专家能否立场中立的客观提供涉外案件的准据外国法资料；第三，专家资料内容质证，包括资料来源是否是官方的、可靠的、实时的，提供的资料是否完整，不缺少主要资料以及所需的相关附件、解释说明以及翻译译本，资料与案件是否具有直接的充分的关联性；第四，专家结论质证，根据所提供的外国法资料专家一般会作出某些更具体并且对案件更具有针对性和指导性的结论，这一结

---

① 参见 Rule 706. Testimony by Experts，Federal Rules of Evidence.

论不是天然存在的，需要专家利用自己的逻辑思维能力，结合自己丰富的实务经验作出正确的推理，当事人亦可对上述推论过程中的逻辑严密性、论证充分性进行质询。

法官结合质证情况，判断是否采纳以及应该采纳何种意见，专家意见经不起质证考验的或者双方意见明显相左而又达不成一致意见的，法官可以选择拒绝接受专家意见[1]。实际上，法官对于专家意见的审查和认证也应该有标准，不少国家的司法实践中并未形成比较规范的标准，如果当事人提交的一项专家意见得不到认可，法院又拿不出比较明确的说明和解释，往往会引发当事人对法官自由裁量权的质疑和不信任。常见的法院对专家意见的审查一般包括形式审查和实质审查。所谓实质审查是法官对专家意见中的法规内容进行核实和确认。所谓形式审查是法官核对外国法专家意见的形式是否存在瑕疵，比如，专家意见的形式是否符合要求，意见应该以书面还是口头形式提出，是否需要经过公证或者官方渠道认证，是否需要提供译本；专家意见的形成是否完备合法，是否是有资质的专家在外国现行立法、法学学说、司法判例和权威法学资料中得出的独立判断；专家意见能否达到法院地法民事诉讼程序对证人证言提出的客观性、关联性和合法性等标准的要求。实际上，如果经过了当事人的质证环节，法官的实质审查和形式审查也会同时在双方当事人质证意见交换的过程中得到一部分甚至全部的展开，也就是说当事人质证环节和法官的审查确认环节不是完全分开的，当事人所提供的大量信息能有效地减轻法官的审查负担。

（三）关于专家的查明责任

因为专家资质认定程序的欠缺以及专家本身的诚信水平和敬业态度等主观因素的影响，无论是当事人聘请的专家还是法院委托的专家都可能会在执业活动中呈现不同的专业表现，因为故意或者过失造成委托人或者第三人损害的情况也不可避免，这样就涉及专家的责任问题。所谓

---

[1] 柯林斯：《戴雪、莫里斯和柯林斯论冲突法》，商务印书馆 2012 年版，第 263 页。

专家责任就是指依靠法律专业知识和实务技能提供外国法查明服务的专家，在执业活动中因故意或者疏忽提供了错误的专家意见给委托人或者第三人造成损害所应承担的民事责任。

1. 关于专家责任的性质认定的两种学说

关于外国法查明中专家提供错误意见是否需要承担损害赔偿责任，以及承担什么样的责任，两大法系的态度各不相同，并且不少国家并无专门的外国法查明的专家责任的认定，基本都是通过诉讼制度中的专家证人制度（expert witness）来指导实际外国法查明专家的责任制度，也就是说理论上此处并无办法将外国法查明专家和为弥补法官知识缺陷帮助法庭解决难以理解的复杂专业性问题的专家证人或者叫鉴定人区分开。以英国为例，在早期的英国受到专家证人责任豁免原则制度的影响，认为要么由法庭通过交叉质询的方式提升专家证言的真实性和准确性；要么由法庭追究专家的刑事责任，但是专家证人无须对发表的错误意见承担民事法律责任①。但是实践证明法庭交叉质询的方式并非是万能灵药，即使经过质询也无法绝对过滤或者矫正能造成当事人或者第三方损失的错误证言，而依靠法庭追究刑事责任又对专家证言的主观过错性和后果严重性有一定的要求，这就导致相当一部分提供错误证言的专家并不需要付出任何法律上的代价，降低了专家的责任感，同时滋生了专家的趋利性。

为了改变这一局面，各国不断完善专家责任制度，并逐渐形成对于专家责任性质的两种不同看法，一种是契约责任说，另一种是侵权责任说。

英美法系国家多将专家责任归结为侵权责任的范畴，在英国通常如果专家证人为案件制作专家报告、完成证据开示以及在法庭发表专家意见时的行为所展现的专业水平和智识低于法律和行业对于专家证人的通常标准并且给当事人造成了一定损失，专家就可能被当事人追究侵权责任，而在美国，专家行使义务或者完成委托工作的过程中如果没有尽到

---

① ［日］谷口安平：《程序的正义与诉讼》，王亚新、刘荣军译，中国政法大学出版社1996 年版，第 265 页。

合理的注意义务同时给当事人或者第三人造成损失的，专家证人也面临被追究侵权责任的风险①。

大陆法系国家虽然也同样认可应该强化专家责任制度的观点，但是对于专家责任性质的认定却有很大不同。以德国为例，在债法改革之前，实在法并无相关法条规制专家提供错误意见导致他人受损失的救济，但是在司法实践中德国将专家错误意见的法律责任区分为两种情况：对于专家是法院指定的，并且专家意见导致当事人损害的，适用侵权责任法的相关规定，在德国债法修订之前，依据《德国民法典》第826条的规定提出损害赔偿，2002年修订后的《德国民法典》专门设定了第839a条规定"法庭鉴定人"的责任，在专家鉴定人发生因故意或者重大过失提供错误意见并且该意见被法院采纳的情况下，专家鉴定人应当依照规定赔偿当事人的损失；对于专家是当事人委托的，专业意见造成当事人损失的，当事人可以依照违约责任要求专家进行损害赔偿。这里存在争议的是非专家委托人的案件另一方当事人如果因为专家意见而受到损害应该依照何种法律依据维护自身权益？这就是学者们通常所探讨的围绕德国法为中心展开的关于"专家对第三人承担民事责任的认识"的相关问题，德国司法实践已经逐步形成了"以多种契约责任为主，侵权责任为辅"的针对第三人的专家责任模式②：

第一，默示契约责任。默示契约恰好符合专家与第三人不存在明确的、协商一致的意思表示的情况，法官一般会基于市场行为、交易规则和商业道德中的诚实信用原则来推断当事人之间存在法律拟制的合同关系，典型的案例是1901年由德国帝国法院审理的"银行与公证人纠纷案"，该案中银行与公证人并无明确并一致之意思表示，但是银行在决定是否向自己的某客户提供贷款时，就该客户之不动产是否设有抵押咨询了公证人，并且基于公证人提供的有关不动产负担情况的错误信息做

---

① 徐继军：《国外专家证人责任制度改革动态及其对我国的启示》，载于《诉讼法论丛（第10卷）》，法律出版社2005年版，第444~446页。

② 李建华，董彪：《专家对第三人承担民事责任的理论基础——兼论德国新债法对我国民事立法的启示》，载于《社会科学战线》2005年第5期，第208~209页。

出了错误的贷款决策，并因为此错误商业决策承担了不能如期收回贷款的不良商业后果。该案中，法院即基于"默示契约"理论推断专家和与之有过实际且直接接触的、对其抱有可确认的、取得可靠消息之愿望的当事人间的合同关系已经成立，该合同关系足以迫使专家承担相应责任，该案例的一个关键显然是虽然双方不存在表象上的合同关系，但是因为双方有明确和直接的"实际接触"因此产生了实质上的合同期待和信赖关系①。以上实践显然有效解决了专家责任范围被合同相对关系限制的问题，但其弊端是"实际接触"在司法实践的反复运用中和"相关人"概念发生了混淆，显而易见，后者是比前者更宽泛的概念，相关性标准更容易获取和达到，如果按照这一标准，很多不具备实际和直接接触但是却具有相关性的当事人之间也会被强行冠以拟制合同关系，那么也就会导致专家责任无止境被放大和延伸，这显然对于发挥专家的咨询作用以及减轻法官的负担是不利的②。

第二，附保护第三人作用效果之契约责任。契约关系要求当事人对契约另一方当事人负有给付义务，同时也可能在当事人和第三人之间建立某种诚信义务负担，也就是保护义务。该理论和"默示契约"相似的是都离不开诚实信用原则的基础作用，但是"默示契约"虽然不存在契约关系却通过推断建立了某种拟制的契约关系，"附保护第三人作用效果之契约"最终并没有构建某种实在或虚拟的契约关系，而是单纯地扩大了当事人之义务，因此法官也一直积极为此种理论的适用建立边

---

①　[德] 克雷斯蒂安·冯·巴尔：《欧洲比较侵权行为法》，张新宝译，法律出版社 2001 年版，第 605 页。

②　例如，德国最高法院在"Teneriffa – Hotel"一案中就认可了一项很宽泛的"实际接触"标准从而扩大了专家责任中的第三人范围，该案中，银行为贷款人出具了错误的商业信用报告信息，借款人基于对银行职业信用的信赖依据该报告内容向贷款人提供了贷款，并因为贷款人后续破产而无法收回贷款，遭受了一定损失，在法庭审理中，并未有任何迹象表明银行作为提供意见的一方与贷款人有过直接接触，尽管如此，法院仍然在最后的判决中要求银行向贷款人进行损害赔偿。See Michael Coester&Basil Markesinis：Liability of Financial Expertsin German and American Law：An Exercise in Comparative Method，Vol51，（2003）p280，转引自李建华，董彪：《专家对第三人承担民事责任的理论基础——兼论德国新债法对我国民事立法的启示》，载于《社会科学战线》2005 年第 5 期，第 209 页。

界，尽量将受保护之第三人限定在两个维度：一个是接触范围，即延伸至因为债权人关系和债务人之给付发生接触，并且债权人负有保护义务的人；另一个是身份范围，即第三人一般限定于当事人的家庭成员、雇员等本身安危与债权人存在关系的人之间。随着后续德国的经济发展，德国法院还将这一理论作了进一步的扩大适用，包括当债权人和第三人之间仅仅存在具有注意义务的合同的情况下，债务人对第三人造成的纯粹经济损失等也应承担民事责任①。

第三，缔约过失责任。前两种理论本质上都是通过构造某种合同责任之"名"在专家和第三方之间建立某种权利义务关系，但是因为其并不具备传统合同责任之"实"而饱受学界诟病，学者们更加主张将关注点从专家和第三人的合同权利义务关系转移至第三人对于专家职业素养的高度信赖，根据德国新债法第 241 条和第 311 条的规定，合同任何一方可以基于债务关系的内容担负起关照另一方权利和利益的义务，而且此义务不单可以对债权债务关系相对方发生，亦可以对合同相对人以外的第三人发生，尤其当该第三人产生了对合同谈判或者订立"显著影响"的"特别依赖"的情形。在上述情形下，可以不用考虑专家和契约对方当事人的关系，专家可以直接基于缔约过失责任向无合同关系的第三方承担责任，当然至于第三人的"特别依赖"需要达到何种程度，依赖对于合同谈判和订立又需要产生什么样的"显著影响"并无确定的界定标准，这也给德国法院的个案决策带来了更多的偶然性、不确定性和不一致性，这种理论也因为需要法官非同寻常的价值权衡能力而显而易见具有很多技术上的难点。

第四，因违反公序良俗原则而引发侵权责任。按照《德国民法典》第 823 条第 1 款和第 826 条的规定，对于因为违反公序良俗原则产生的侵权责任所导致的纯粹经济损失法律设置了救济路径，第三人因为信赖专业人士提供的信息遭受到损失的，可以以专家违反公序良俗为由要求

---

① 1977 年"登入借方账户程序案件"（debit – procedure case），Michael Coester & Basil Markesinis：Liability of Financial Expertsin German and American Law：An Exercise in Comparative Method，Vol. 51，（2003），p282.

其对于提供错误信息的行为承担损害赔偿责任。

综上，两大法系对于专家责任的研究离不开契约责任和侵权责任的两大范畴，英美国家获得了侵权领域的重大突破，而德国则完成了合同责任的扩张，孰优孰劣，如果说德国的前两种契约责任存在纠结于契约结构却又背离契约结构的无法自圆其说的矛盾，那么缔约过失责任说似乎成为一个相对容易接受的选择，但是不能回避的是是否存在实际的接触和磋商，是否存在特别的信赖，特别的信赖是否产生了对于债权债务关系的显著的影响等问题都对司法技术提出了相当难度的挑战，这使得专家责任制度向更为简单的侵权责任寻求突破成为可能。

有学者认为专家责任的侵权责任说相对比契约责任说具有更多的合理性：

首先，不管哪种责任都有一个逻辑前提就是必须假设某种在先义务，而专家违反了这种义务因此需要承担责任，即使合同责任也是如此，专家基于某种职业特点积累和获得了某种信息的采集优势，当事人因为产生了对专家的信赖，专家提供错误信息等于背弃了这种信任，与其建立这么抽象的关系不如直接援引侵权法各行业的准则和规范直接为不同专家配备权利义务，并依照更具象和明晰的标准判断专家是否违反了上述义务，从而确定专家责任的内容、程度和后果，显然能将复杂问题简单化。

其次，在采用法官职权查明主义或者法官职权查明为主的国家可以尽量强化法院指定专家的模式，甚至在当事人聘任专家的模式下，有些国家同样可以通过一些立法技术引导从而淡化专家和当事人之间委托的私人契约性，例如，2005 年的《新南威尔士统一民事诉讼规则》第 7 章规定，受当事人聘任的专家所承担的合同义务并不得优先于对法院的协助义务，专家必须在庭审中保持专业独立性，有必要还应和对方专家合作，专家不得因为得到委托人的指示而企图产生与另一方专家不一致的意见，而应尽可能与对方专家达成一致，在这样的规定下，法院的干预事实上削弱了契约责任说的存在基础。

最后，基于契约关系或者拟制契约关系建立的专家和当事人，尤其是专家和第三人之间的信赖关系对于专家责任的支撑显然是脆弱的，因为在很多国家专家都隶属于某个社会组织，代表了某种社会秩序，专家个人并不因为某份工作或者某个合同收取定向的报酬，当事人或者第三人的对于专家意见的信赖来自社会体系所建立的稳定的社会秩序安排，而不是某个专家的合理注意义务，而专家为自己在整个行业或者体系的权威性和职业声望负责并不对个案的当事人具有明显的情感倾向，也就是说即使在专家和当事人之间存在着某种信赖，也是一种笼统的抽象的信赖，并非一对一的具体的信赖。因此，既然不是基于点对点的合同内容建立的专家责任产生的契约义务，而是基于专家的特定职业和专业产生的强制义务，那么以侵权责任形式进行规制则更为合理①。

我国新颁布的《民法典》"侵权责任"编第一千一百六十四条规定，侵权责任调整的范围是"因侵害民事权益而产生的民事关系"，可以理解为通常包括物权、债权等各种权利，其保护范围呈现开放性和包容性特点，侵权责任法独立成编为以侵权责任规制外国法查明的专家责任，尤其是针对第三人所承担的责任提供了理论和现实可能性，虽然纯粹经济损失并非一般性具体的民事权利，但是仍然被纳入新的民法典的保护范围，在此情形下，亦无必要采纳契约责任说。但是如果在"一带一路"的背景下探讨这个问题，又必须采取更为开放的态度，从理论定性上赋予专家责任更多的可能性，因为从我国目前的立法看，对于涉"一带一路"制度给予了很多专门的立法保障和社会制度的建设，比如专家库的建立，很多民间设置的外国法查明中心都有比较完备的专家委托手续和程序，也就是说会在外国法查明过程中签订合同，那么也可以依照合同约定的内容追究外国法查明工作中的专家责任，这与我国《民法典》第八章第一百八十六条规定并不矛盾，即"因当事人一方的违约行为，损害对方人身权益、财产权益的，受损害方有权选择请求其承担违约责任或者侵权责任"。

---

① 王葆莳：《外国法查明中的专家侵权责任研究》，载于《时代法学》2011 年 10 月第 9 卷第 5 期，第 88 页。

2. 专家责任的构成要件

如果将外国法查明的专家责任作为一种侵权责任来探讨，那么将围绕以下几个构成要件：

（1）出具错误法律意见的查明行为

错误的查明行为即侵权责任构成上的加害行为，如果将专家责任定性为一种侵权责任，那么就必须存在加害人的侵权行为，即在涉外案件的裁判中专家违反法定义务、职业道德、商业诚信精神等原则或者规定而实施的侵犯当事人或者第三人权利或者合法利益的具有加害性质的作为或者不作为。作为外国法查明中的"不当为而为"就是指做出了与事实不相符并且不客观的法律意见，"当为而不为"就是提供的外国法资料完整性不足、存在相关规则的遗漏，相关判例和法律学说列举分析错误或者由于专家没有充分尽到查明注意义务或者谨慎义务进行了具有歧义的外国法表述等。错误查明行为的主要特征就是存在客观的行为，并且行为具有客观的违法性。

（2）损害事实

一般的侵权责任损害事实是指某种侵权行为造成了他人的财产或者人身权益上的不利影响，包括财产损失、人身损失以及精神损失。而外国法专家如果因为出具了错误的法律意见从而造成当事人或者第三人的损失，该损失可以是涉外民商事关系涉及的一般性的财产损失和人身损失，甚至有可能是精神损失。比如，涉外亲子关系的身份认定的案件中如果因为专家的错误意见导致亲子关系认定受到阻碍，或者进行了错误的亲子认定都可能引发受害人精神权益的损害，但是更多的情况往往并非基于受害人自身财产和人身等绝对权利损害发生的损失，而是涉及我们通常所说的纯粹经济损失，即对案件相关利益方造成的单纯经济上的不利益①。从纯粹经济损失的发生原因和范畴看，学界有不同说法，但

---

① 王利明教授认为"纯粹经济损失是指行为人的行为虽然没有直接侵害受害人权利，但对受害人造成了人身伤害和有形财产损害之外的经济上损失。"资料来源：Robbey Bernstein：Economic Loss，Sweet & Maxwell Limited，2nd ed.，1998，p. 2. 转引自王利明：《侵权责任法研究（上卷）》，中国人民大学出版社 2010 年版，第 95 页。

其中"因信赖专业服务或者建议而发生的损失"或者"专家责任"都是引发纯粹经济损失产生的原因①。当具有专业技能的群体也就是专家或者资格证明人没有尽到特定群体的注意义务，而使他人遭受了纯粹经济损失，例如，在信托关系中，信托人对收益人的利益负有注意义务，会计师因为出具审核报告以及他与投标人的特定关系而对信赖此审核报告作出决策的投标人负有注意义务，会计师出具的审核报告如果存在不实表述就会对投标人发生不利益的经济损失；在继承关系中，如果外国法专家提供的遗嘱准据法存在错误并因此导致遗嘱被认定无效，当事人的继承份额损失、代理费和诉讼费等都可以计入纯粹经济损失；在诉讼权利处分关系中，如果因为委托人听信了专家的错误判断或者意见，并因此错误做出了对自己不利的和解、撤诉等重大诉讼权利处分决定，也可能遭受纯粹经济损失②。

（3）专家的错误查明行为和受损害方的权益损失之间存在因果关系

专家提供的错误查明意见一旦被法院采用作为准据法，并且据此裁判导致当事人和第三人的人身、财产以及纯粹经济利益的损失，也就是说在过错行为和损害事实之间形成了某种因果关系。这种因果关系对于确定专家民事责任是非常重要的要件之一，对于因果关系的判断应该严防主观臆断，应该从时间顺序上梳理外国法查明和适用的法

---

① 关于纯粹经济损失的分类学界大致有三种学说：第一种是"五分说"，以张新宝教授为代表，将纯粹经济损失分为五种类型，"反射损失""转移损失""因公共设施损害而发生的损失""基于信赖特定信息的披露内容而发生的损失"和"因信赖专业服务或者建议而发生的损失"，参见张新宝、张小义：《论纯粹经济损失的几个基本问题》，载于《法学杂志》2007年第4期，第16～17页。第二种是"八分说"，以满洪杰博士为代表，将纯粹经济损失分为包括"故意致人纯粹经济损失""因人身损失引发的纯粹经济损失""证券市场不实陈述""第三人侵害债权""专家责任""转移性损失""缺陷产品自身损失"和"环境污染责任"在内的八种类型，参见满洪杰：《论纯粹经济利益损失保护——兼评〈侵权责任法〉第2条》，载于《法学论坛》2011年第2期，第109～110页。第三种是"四分说"，以葛云松教授为代表，认为纯粹经济损失包括"债务人不履行债务使债权人发生损失""第三人侵害债权""第三人因弥补他人侵权行为所致损害而导致的损失"和"其他纯粹经济损失的情况"，参见葛云松：《纯粹经济损失的赔偿和一般侵权行为条款》，载于《中外法学》2009年第5期，第731～736页。

② 徐锦堂：《论域外法查明的意志责任说——从我国涉外民商事审判实践出发》，载于《法学评论》2010年第1期，第74页。

律关系，归纳更为客观和有迹可循的因果关系认定逻辑。专家提供了错误意见本身其实并不会直接导致或者构成被害人的经济损失，从结果倒推原因，就会发现对于因果关系的追寻变成了拷问外国法查明制度存在的原因，如果法院并没有如该制度预期的那样适用正确的准据法而是适用了被专家误导的错误法律，同时也没有依照正确的实体法得出公正的裁判结果，也就是说无论是冲突法上的目的或者是实体法上的目标都发生了偏离，那么实际上就形成了加害行为和损害后果之间的因果关系。那么从冲突法和实体法的两个视角就可以得出判断因果关系的客观要素：

第一种情形，法院依据专家提供的片面的或者不准确的外国法意见，出现了实体法上的裁判错误，如果仅仅是法院法律适用上出现了误判，但是实体结果上并无不当，那么专家也是可以免责的。这里的两个关键要素一个是法律的适用错误，另一个是实体法的裁判错误，都是由法官作出的，这种法律适用上的偏差改变了法律关系中权利义务原本的走向，通常对一方当事人有利，对另一方当事人不利，在前述的诸多案例中都是这种情况，双方当事人之间存在对抗关系，双方权益此消彼长，那么只要两个要素具备就可以判断为在专家加害行为与一方受害人权益损失之间建立了因果关系。当然，更为复杂的情况也可能双方当事人并不存在对抗的权益关系，比如，某些亲子认定关系，本应被认定的亲子关系可能因为准据法的错误而被认定无效，那么法院的错误法律适用和错误裁判在专家责任与双方当事人的共同权益损失中各自形成因果关系，也就是产生了双重因果关系，其实这种情况，也依然可以归为前一种情况，一般这种亲子关系如果被认定无效，虽然当事人利益可能同时受到损害，但是其他第三人反而可能受益，比如因为当事人亲子关系不成立而获得继承利益或者不必赔付本应该赔付侵害一方当事人而由另一方当事人作为受益人的损失。还有一点需要探讨，如果法院在适用法律的过程中有失职行为，或者在对于外国法的实质审查和形式审查的过程中存在明显的疏忽和过失，通说认为不能算作外力介入，也就是不会切断因果关系的传递，专家并不因为法官有疏忽就可以免责，毕竟外国法查明制度的设立前提是法官对于外国法的认知有缺陷，需要行业专家提供帮助，是适用了专家提供的法律意见才会产生错误的裁判①。但是尽管如此，笔者认为如果法官存在重大故意和过失仍然应该考虑专家的免责，或者至少是专家和法官的混合过错以及国家赔偿责任和专家民事赔偿责任的竞合，因为法官对于司法公正背负着明显高于专家的义务和使命，不这样做就会使法官的审查程序形同虚设，也会变相导致法官产生懈怠。同时，也不得不考虑外国法查明制度和公共秩序保留制度发生交叉的情况，如果法官对于外国法查明不给予必要的谨慎注意义务，错误的外国法意见，甚至是正确的外国法意见都可能导致对本地公共政策、公共利益以及基本的经济和社会伦理关系的挑衅，所以，不宜对因果关系切断因素做绝对苛刻的限制。

第二种情形，如果说专家意见对于法庭和法官的影响是从质证环节以后才开始逐步发生的，直到决定适用错误意见才开始确立的，那么专家意见对于当事人的影响却开始得更早。在庭审之前双方当事人就已经开始接触到专家意见中涉及的资料并且受到其潜移默化的影响，当当事人受到错误的法律意见干扰并做出重大程序性决策和权利处分行为时，比如预判法律会作出不利于自己的裁决从而主动提出和解或者被动接受法院的调解方案、在谈判中处于劣势从而丧失和解机会甚至撤诉等，上述情况也应该算作专家加害行为与损害结果之间的一种事实性因果关系的证明。在法国的判例和学说中，并不强调专家责任和受到损害的当事人所承担的撤诉、败诉的后果之间的关系，认为只要专家因为故意或者过失提供了有违真实性的法律意见，并因此造成了损失，就应该承担侵权责任，但实际上，这里的损失之一就包括撤诉、败诉带来的不利益②；德国法则比较直接，如果专家鉴定结论导致当事人撤诉或者败

---

① Wagner：BGB § 839 a Münchener Kommentar zum BGB, 5. Aufl.（2009），Rn. P. 22.

② ［日］谷口安平：《程序的正义与诉讼》，王亚新、刘荣军译，中国政法大学出版社1996年版，第262页。

诉，可以推断加害行为和受害人损失之间存在因果关系①；在我国，若当事人基于专家提供的错误的外国法意见接受撤诉或达成和解，由此引发的损失应由外国法专家承担，有争议的是，当事人依据错误的法律意见接受了法院提出的不利于己方的调解方案的情况如何处理，其争议焦点在于调解是否具有既判力，笔者认为在我国司法实践中，人民法院作出的调解协议，已经双方当事人签字即产生法律效力，即宣告诉讼程序终结，人民法院并不得就同一案由另行起诉或者上诉，所以即使是调解造成的重大经济损失亦可由专家承担。

（4）过错

很多的文献和资料中对于专家责任并不强调过错的重要性，一方面的原因是将专家责任看作是契约责任，契约责任的归责原则是无过错责任，也就是并不考量专家的主观性，而只考察客观损害行为，客观损害后果以及逻辑因果关系；另一方面的原因是即使将专家责任作为一种侵权责任，也将过错因素隐藏在侵害行为本身的构造之中。但实际上，只有当专家存在故意或者专业注意义务的疏忽时才应当承担专家责任，也就是过错是专家责任的必要且重要的构成要件之一。过错这一构成要素并不容易判断，因为其存在明显的主观性，必须按照表见证明规则由客观存在的事实推断待证事实，也就是可以通过案件事实中所能梳理出的专家违反职业操守、工作准则、行业规范等客观情形推导出加害人内在的过错，从而推断出专家查明行为是否存在可归责性。如果在司法实践中，专家的法律意见与事实严重不符，存在重大出入，基本就可以推定专家违反了法定的注意义务，存在主观过错，但至于此注意义务到底是勤勉义务还是一般的谨慎注意义务或是更高的标准就要取决于各国法院对于专家法定义务的界定，也取决于专家职业团体相关规约的要求。笔者认为不宜对此解释为具有社会平均智识的"合理人"标准或者一般性谨慎注意义务，因为对于专家的专业性要求实际上应该更高，更妥当

---

① 王葆莳：《外国法查明中的专家侵权责任研究》，载于《时代法学》2011 年 10 月第 9 卷第 5 期，第 91 页。

的办法是按照相应职业规范的要求来衡量过错，对于职业身份没有执业规范要求的，比如高校教授和科研院所的研究学者可能并没有从事实务方面的行业准则可以遵循，那么就要参考前文中关于专家资质规定中的一般要求。国内学者王葆莳教授归纳了常见的几种专家违反法定注意义务的情形可作为借鉴，包括：第一，专家不具备相应资质和能力，对于委托的案件所涉及外国法并没有足够程度的了解，或者没有受过相关比较法训练①；第二，专家没有查询外国法律最新、最完整的资料；第三，忽视委托人或者其代理人的建议和要求，意见不能充分回应当事人的相关主张；第四，存在关于外国资料的疑点和不确定因素，并且对于案情具有重大影响，有所隐瞒②。

3. 专家责任的损害赔偿和免责问题

如前文所述，专家出具错误意见产生的专家责任应该获得损害赔偿，赔偿的范围包括受害人人身和财产权益的有形损害，也包括专家过错造成的委托人和第三人的非因人身或者物被侵害而发生财产上的不利益，也就是纯粹经济损失。对于纯粹经济损失是否具有赔偿性的问题虽然素有争议，但实际上多数学者已经认可纯粹经济损失可以通过侵权领域设置补救措施，《民法典》实施以后，这种观点就得到了更充分的支持，《民法典》第一千一百六十四条和第一千一百六十五条，明确规定侵权行为人因过错侵害他人民事权益造成损害的，应当承担侵权责任，民事权益是非常具有包容性的，包括纯粹经济损失，纯粹经济损失可赔偿性的制度障碍至此基本消除。同时将纯粹经济损失纳入侵权责任领域，也可以在外国法查明的具体工作展开中利用侵权责任构成要件筛选是否发生了纯粹经济损失，从而判断受害人是否应该得到相应赔偿。

---

① 当然这种情形如果是法院委托或者指定的，法院的相关工作人员也存在工作的失职，应该制定相应的惩戒措施，即使是当事人委托的，在外国法形式审查和实质审查程序阶段，法官也应该对专家资质进行审查，仍然负有责任。

② 王葆莳：《外国法查明中的专家侵权责任研究》，载于《时代法学》2011年10月第9卷第5期，第92页。

纯粹经济损失具有远因性、无形性和不确定性等特点，所以应该谨慎适用，并且对其范围有所限制。参考最高人民法院《关于审理证券市场因虚假陈述引发的民事赔偿案件的若干规定》第 30 条的规定，对于在证券交易市场中的虚假陈述行为，"虚假陈述行为人"的民事赔偿责任范围限于"以投资人因虚假陈述而实际发生的损失"。但是涉外民商事案件中当事人的损失问题纷繁复杂，并不能参考借鉴某一具体法条一劳永逸地全部解决损失范围问题，对于纯粹经济损失的赔偿需要一个"闸门"或者"过滤器"，将可赔偿损失和不可赔偿损失分开，避免诉讼链条的无限延伸。笔者认为应该基于以下两方面考量纯粹经济损失的赔偿范围：第一，有限赔偿原则，无限诉讼具有多方面的风险，不仅仅法院必须受理更多的相关索赔案件承担超负荷的负担，专家也可能因为面临更大的被诉风险而需要进行费用上浮和服务减少等提升执业成本的变通，而这一切负担最终会转化为社会公共负担；第二，利益均衡原则，对纯粹经济损失的赔偿还应在具体案件中衡量各方利益的均衡，如果允许第三人以纯粹经济损失为由无限制地扩张索赔范围的话，可能造成专家权益和义务的不对等，责任大小与过错程度不对等等问题，在规则的制定和个案裁判中必须做好受害人与侵权人之间、个人利益与公共利益之间、司法公正与行为自由之间的价值判断①。

　　专家责任的损害赔偿也涉及责任的减免问题，常见的责任减免除了法定不可抗力、紧急避险等免责条款以外，还有以下情况：

　　（1）受害人过错导致的责任免除或者减轻

　　受害人过错引起责任减免的情况在各国法例中都很常见，比如，在德国，虽然专家做出了侵权行为，但是如果受害人明知行为发生但是却以故意或者过失怠于通过法律手段防止损害发生，也就是没有行使减损义务，将可能面临在没有阻止损失扩大的范围内丧失损害赔偿请求权。这里的手段可以包括胜诉、申诉等手段，以程序救济阻止错误的法律意

---

　　① 王华，杜素华：《求解侵权法之"戈尔迪之结"——侵权法框架下纯粹经济损失赔偿问题的思考》，载于《山东审判》第 32 卷总第 228 期，第 30 页。

见被作为准据法适用，从而进一步阻止法律适用错误造成实体法判决的不公正；再如，在法国，通过专家责任的构成要件要素规范和限制专家责任，一旦专家意见发生错误，而当事人在通常注意下能够发现或者应该能够发现错误之间的存在的，则加害行为和损害事实之间的因果关系将被切断，专家责任不成立；我国《民法典》第一千一百七十三条规定，被侵权人对于专家造成的损害的发生或者扩大有过错的，可以减轻侵权人的责任。上诉立法例都表明了专家责任的损害赔偿存在减免条件，但是这里也有问题，就是各国的规定对于责任的减免都语焉模糊，受害人什么情形下才能被认定明知或者应该知道加害人的过错已经发生，不同智识水平的当事人或者第三人的标准是否应该相同，比如一个高等学历从事法律工作的学者和一个长期生活在闭塞山村的无业者，是否都应该对同样明显的法律意见错误及时发现并有能力采取适当的措施避免损失的扩大，这都是值得思考的问题。既然并没有明确的标准，各国自然也没有强制要求在什么样的情况下法院必须进行专家责任的减免，也就是说相关司法实践需要法官根据个案进行自由裁量，那么就更加增加了该项制度的偶然性和不确定性。

（2）专家进行免责声明

在专家和当事人签订的委托协议中往往有关于免责条款的规定，虽然按照《民法典》第五百零六条的规定，合同中如果存在以下免责条款属于无效，即"造成对方人身损害的"和"因故意或者重大过失造成对方财产损失的"，但笔者认为该条的限制主要针对造成有形的人身和财产损失的免责条款效力说明，不见得可以成为专家责任免责条款效力性的约束。实践中对于商业性强、有法律规定或者明确执业标准的专家咨询行为，比如审计报告、律师事务所出具的法律意见书，免责条款的效力也要区分具体情况：比如在意见书中注明"此份法律意见书在现有公开资料的基础上作出"，如果后续情况发生了更新，那么即使专家出具的资料真实性和完整性欠缺也可以免责，也就是说上述免责声明生效了，这种情况其实并不是专家的资质出现问题或者谨慎注意义务没有尽到，专家实则并没有违反主要义务；但反之，如果法律意见书中注明"此意见仅供参考，律师不对其中任何表述承担责任"，那么这种免责笔者认为应属无效，因为作为委托的当事人基于信赖和专家就所需要的外国法资料达成咨询服务协议，并且付出报酬，如果专家背弃协议中所蕴含的委托人信赖、职业道德和诚信却不需要付出任何代价，那么无论对于协议双方的利益均衡、专家群体的职业发展以及司法公平公正都将是不利的。现实中，我国目前运行状况最良好的成立于 2014 年的全国首家查明域外法的实务机构"深圳市蓝海法律查明和商事调解中心"①，作为最高人民法院"一带一路"案件最重要的外国法查明基地，自贸试验区制度创新服务平台，在其外国法查明规则条款的第四章"免责条款"中提到了以下的免责事项：第一，专家完成委托事项进行外国法查明不承担准据法判断错误责任（第 18 条）；第二，因为查明报告和资料的真实性、正确性和可采纳性有缺陷导致查明法律未被采纳的，因为需要经过人民法院和仲裁机构的审查认定，所以专家不必对查明法律未被采纳的后果承担责任（第 19 条第 1 款）；第三，查明法律未被采纳如果是由委托人的工作疏忽造成的，委托人应该和答复主体进行交涉解决（第 19 条第 2 款）；第四，如果接受委托的专家不具备相应的资格或者无合理理由拒不提供查明服务造成查明不成功的，中心不承担法律责任，但是应该据实作出《查明不成情况通知书》并交付委托人，委托人有权在规定工作日内到中心继续交涉，并可以领回所有委托资料（第 20 条）；第五，中心对于未能按照人民法院、仲裁机构或者行政机关指定期限内提交查明意见书的不承担责任（第 21 条）②。以上免责条款一旦涉诉虽然可能产生部分的免责声明失效，但是却反映了目前我国专家责任制度仍然存在权利义务调适不适当、委托双方权责分配一边倒的情况，这也是外国法查明服务供需发展不平衡，司法保障制度不健全所导致的，以

---

① 深圳市蓝海法律查明和商事调解中心的前身是"深圳市蓝海现代法律服务发展中心"，是独立运行的非营利组织。

② BCI&BIMC 蓝海法律查明和商事调解中心官方网站，最后访问日期，2021 年 1 月 2 日，http：//www.bcisz.org/。

上情况必须得到逐步改善。

（3）公益性的外国法查明服务的减轻和免除

当专家的外国法查明服务是基于市场经济的供求关系产生的，专家的咨询和查明服务通常是收取费用的，也就是专家和执业行为的相关交易之间具有金钱上的利益关系，基于合同的对价原则，专家应该对自己作出的查明行为对委托人或者第三人承担注意义务，承担错误查明的后果。那么是不是意味着没有财产上的利害关系，专家就可以对受害人不负有注意义务了呢？不尽然，对于律所和营利性社会组织以外的专家的无偿性服务或者仅仅收取基本查明费用的公益性查明服务或者援助，只要排除了当事人的故意行为，即使造成当事人或者第三人损害的，也应免除赔偿或者减轻赔偿额度，以降低公益性司法服务的风险，这种情况包含着法律专家对于司法服务保障的支持，应该更多地由法官对其所提供的外国法资料进行审慎审查，承担查明错误的风险。

（4）转述的专家意见的免责

二次甚至多次传播的专家意见也是司法实践中屡见不鲜的情况，在判例法国家，也可能引用相类似案件中提供的外国法资料，那么这种情况是否应该要求专家背负专家责任呢？需要分情况讨论，如果首次意见发表是在小型讲座、私人咨询等不对多数人公开的场合进行，意见被转述，专家无须承担责任；如果上述转述或者传播得到专家的许可，专家非常清楚自己所发表的意见将用于何种场合并且如果存在错误会产生哪些影响，可视为获得专家使用其意见的许可，专家也可视为自愿承担查明责任；而对于专家意见是在相似案例中已经被法官采纳作为准据法适用的，如果发生错误，是否应该追责则有待商榷，笔者认为这种情况专家和新案件当事人并不存在委托关系和报酬偿付关系，那么强加的注意义务则似乎无凭无据，专家也无可能预见到自己的查明服务可能对新案件造成的不利影响，法官在采纳这类法律意见的过程中应该比在先案例的法官进行更加审慎地注意①。综上，可以说专家对于自己发表的意见的法律后果和效力的预见性是决定专家是否承担损害赔偿责任的关键，如果能证明专家可以预见自己行为的损害后果那么专家应该承担责任，如果专家并不获得预见性的机会和可能，则要求专家承担责任是于理不合的②。

4. 对于专家证人制度的评价

虽然并不是所有英美法系国家或者大陆法系国家都如同英国、美国和德国这样呈现各自不同且明显的制度特征，但是依然可以从外国法性质、查明模式等理论梳理出两种最典型和最具矛盾冲突的专家制度形式。总体上看，两大法系对于专家证人制度各有偏好，英美法系相对更注重当事人对外国法查明的过程的介入，反映更多的是法庭程序的对抗精神，在相互冲突的证据质询和抗辩的过程中寻求案情公正的真相和权利的衡平，大陆法系与英美法系不同，以德国为首的大陆法系国家的诉讼体系中职权主义的因素更加突出，法官承担更为主动的查明责任，专家证人以法庭鉴定人的身份提供法定证据。

（1）专家证人的两面性之立场偏向性

关于偏向性对于专家证人制度的影响有两派观点。

一派认为，专家证人制度存在明显的"偏向性"。美国学者朗宾（Langbein）曾提出过一个关于专家证人的"萨克斯风"理论，就是说在需要专家证人的涉外民商事案件中，当事人的代理律师负责奏响主旋律，而专家证人往往只是潜移默化地在代理人的指挥下吹奏出和

---

①　当然对这一问题也可以有相反的理解，虽然专家对于新案件的当事人并无利益上的瓜葛，也无契约上的注意义务，但是专家应该清楚提供给任何案件的法律意见都将成为司法系统对某一外国法的借鉴和参考，法官会默认为被某一案件采纳的外国法资料是准确的，客观的，没有必要就同一查明工作做重复调查，即使在成文法国家，法院也可能这么做，这是基于司法成本节约的考量，尤其是当专家是由法院指定的情况。那么，也就意味着专家为一个案件提供法律意见，就应该预见到该意见可能成为同类系列案件的外国法资料，从这一角度也可以说专家对这种情况有理由承担责任，但是这种无限制扩大专家责任的做法对于整个外国法查明服务制度发展是不利的，它会将专家责任从时间纵轴上延伸至无限。

②　郑佳颖：《专家对第三人责任的构成及赔偿范围》，华东政法大学硕士学位论文，2018年，第45～47页。

主旋律相一致和协调的曲调，专家证人的声音就像是"萨克斯风"一样，它是一种低音乐器，无法发出主旋律，专家证言的中立性看起来完全无法站得住脚①。"萨克斯风"理论提出的其实就是专家证人制度的偏向性问题，从英美法系的制度体系看，专家证人制度最大的负面效应就是难以规避的"偏向性"，本来外国法查明制度中所要查明的是应该适用的准据法，而法律适用问题应该是法官在公正、独立的情况下进行的，和任何一方当事人扯上关系就可能会导致裁判结果出现不公正，国内案件的法律适用如此，那么涉外案件也应如此。现在因为法官知识储备和信息的不足导致必须求助专家证人，而专家证人如果是当事人一方委托指定并承担报酬或者费用的，就难免有意识地发表有利于该方当事人的证言或者无意识地倾向该方利益，专家证人制度最大的诟病就是证言的客观独立性存疑，也就是证言的偏向性缺陷。所以，在选择专家方面，在专家证人的意见的交叉质询方面，都会耗费更多的诉讼成本，面对当事人提供的意见冲突的情况，美国法院会比较注重审查双方专家的资质，英国法院更多考察双方证言中体现的逻辑性和连贯性②。

另一派则认为，偏向性问题并不严重。首先，理论上讲，当事人的律师作为法律专业人士能够充分预见到专家证人提供偏向性明显的证言证词对于当事人方不利的法律后果，所以一般都会提醒专家证人在调查和发表意见的过程中尽可能保持中立；其次，专家发表意见的过程实际是一个法律观点论证的过程，法庭不仅不会避讳明确的观点，反而会要求专家围绕自己的核心见解发表观点，也就是说专家的观点往往都是带有某种偏向性的，只不过这个偏向性不能是出于私利的有失偏颇的解

---

① J. Langbein: The German Advantage in Civil Procedure, Chicago Law Review, Vol. 52, 1985, p. 835.

② 美国法院认为"最好的专家才能提供最正确的意见"。当然美国法院对于专家偏向性的担忧相对少，因为和英国相比，美国法院可以主动调查外国法，不必过多依赖对专家的口头质询，所以对于专家的意见本身的证明力的要求反而会减弱。John G. Sprankling and George R. Lanyi: Pleading and Proof of Foreign Law in American Courts, Stan J. Int'l L., Vol. 19, 1983, p. 83.

读，而且专家观点一定是围绕某种客观资料和事实的推理和分析，其中的逻辑性和连贯性要求专家不能信口开河或者指鹿为马，明显的不合逻辑的偏向性的专家意见会因为"不令人信服"而并不多见；最后，专家证人制度预设的目标是假设外国法是可以如同一般的证据事实那样被客观、全面地证明，这种假设把外国法这一客体看成了待证事实而不是法律论证和推理，实际上任何一种待证事实的客观性和完整性本身是绝对的，但当其需要人为的调查和主观的阐释后它的客观性和完整性必然会呈现一定相对性，这是任何一种举证都无法避免的，案件审判过程中的外国法资料查明当然有完成外国法适用的目的，但更重要的是在充分质询的过程中实现双方当事人诉讼权利，使双方当事人感受到纠纷被有效化解和处理，这样的话现实中专家证人制度并不会遭到来自当事人的不满，那么关于偏向性的影响焦虑其实也大可不必①。

（2）专家证人的两面性之程序对抗性

尽管对专家证人的偏向性有这样或那样的观点，不能否认的是当事人绝对具有选择对自己一方观点有利的专家作为己方证人发表意见的主观动机和意图，为了充分避免这种情况的发生就有必要建立程序对抗制度，这也是学者们认为英美法国家的专家证人查明外国法方法高效的重要原因之一。程序对抗性使得专家证言最大程度地还原外国法的真实情况，最贴近案件的事实：对法院的法官来说，庭审证人陈述中的法庭辩论比法条更能呈现案件的多个视角，引领法官最快速地得出裁判的观点和结论，效率要素得到最大程度的体现；对当事人来说，当事人根据利益需求选择和聘请专家证人参与到对证据说理的竞争和博弈中，专家的质证和交叉质证，让当事人能够间接地参与和推动诉讼程序的进行，从而充分建立起对诉讼程序的信任，感知审判的公平，公平要素得到最大程度的体现。

程序对抗性的问题是非常显而易见的。一方面，时间和经济的成本

---

① Richard Fetiman：Foreign Law in English Courts：Pleading，Proof and Choice of law. Oxford：Oxford University Press，1998，p. 301.

耗费比较高不容置疑，专家证人查明外国法的方式下，双方当事人的对质变成了对外国法解释和适用结果分析评判的手段和技巧的竞争，当事人如果没有聘请自己的专家证人而是完全希望凭借法庭上驳斥对方专家的观点，建立对自己有利的主张，就会将自己陷入极为被动的诉讼局面，所以如果经济实力允许的情况下，双方往往都会聘请自己的专家证人，通过不断地增加证据材料、申请准备时间来增加己方胜诉的可能性，其时间成本和经济成本上的代价都是高昂的。另一方面，本来是法律的规定和内容决定当事人之间权利义务的安排，但是由于过于宽容的当事人介入制度，使得专家证人制度极大程度地影响了外国法查明效果甚至冲突规范的作用方式，个案的法律适用情况受到当事人实力对抗程度影响的概率更高了，法律的确定性和预见性反而降低了。

那么如何在纠正专家证人制度偏向性和减轻程序对抗性负担之间寻求到一个最佳平衡，这是英国法律界多年寻求变革的目标，通过法官介入来限制程序复杂性是一个办法，另外，1998年《英国民事程序规则》中还有类似要求专家进行书面报告等限制当事人滥用传唤专家证人权利的规则，这些方法对于根深蒂固于英国对抗诉讼程序传统的一些认识来说，能推动多大的波澜仍未可知。

（3）法官指定的法庭鉴定人制度的两面性

德国等大陆法系国家因为受到职权主义的影响，较之英美法的当事人参与的情况，在专家外国法查明问题上更多地发挥了法官的作用。

从积极的方面看，鉴定人制度在法定证据方法的框架下运作，所以对其资格的遴选和鉴定要比当事人聘任专家严格很多，不但由法院选定，还要遵循鉴定人资质要求和回避要求等诸多条件限制，这就有效保证了鉴定人立场的中立性，发表的意见和观点的独立性和客观性，因为专家选任上没有过多的拉锯战和竞争，在时间和经济成本上也能有所节约，从而充分体现了外国法查明的效率价值。

从消极的方面看，法官选任鉴定人虽然增加了权威性、规范性和公正性，但是也同时剥夺了当事人充分参与诉讼过程的权利，所以即使过程中出现了问题，当事人也不能及时发现并提出质疑。如果鉴定人制度存在和产生前提所假设的完美的制度体系是真实的，也就是说遴选制度科学合理，法官选任鉴定人公平公正，鉴定人自身业务能力和诚信水平经得住考验，那么这种制度无疑是非常具有优越性的，而如果在个案中出现了上述假设的崩塌，那么当事人亦不能及时参与和监督，这对于个案公正而言无疑是致命的。鉴定人制度的另一个重大弊端是和专家证人制度存在的问题属于一个逻辑层面的，如果说专家证人制度在充分实现当事人参与诉讼权利的同时纵容了当事人的过度介入和干预，那么鉴定人制度同样会有这样的隐忧，在外国法问题上提出鉴定意见和其他一般事实证据的鉴定意见不同，鉴定人是为了弥补法官在法律知识上的不足而被引入诉讼并对案件实体权利义务内容进行裁判发表意见。换言之，如果法官不能很好地把控诉讼过程，可能不自觉地允许鉴定人替代和承担了本属于自己的一部分判断和职责，为了案件的冲突正义牺牲案件的实体正义的情况可能发生。

二、外交或者领事途径

包括中国在内的各国外国法查明制度中，外交或者司法协助途径都是不可或缺的重要司法实践。国家与国家之间通过各自的使领馆等外交机构来交换外国法资料，其实外交途径和下文的司法协助方法可以在更广泛的国际合作的背景下来探讨，但是本书在其他章节会专门论述，在此仅做一般性梳理。

最常见的外交途径的外国法查明就是由本国驻外国的外交机构或者领事机构，外国驻本国的外交或者领事机构出具关于外国法是否存在以及外国法内容的说明文件，或者由签订有司法协助协定的对方的国家机关来提供外国法相关的资料。我国的外国法查明也基本采用上述途径，但是《〈民法通则〉若干问题的意见》第 193 条仅仅是列明了上述方式，却没有说明外交途径和司法协助途径由谁来启动或者承担，各级法院做法也有所不同，结合 2005 年最高人民法院发布的《第二次全国涉外商事海事审判工作会议纪要》第51条的规定①，当事人查明外国法的具体途径包括"法律专家、法律服务机构、行业自律性组织、国际组织、互联网"等方式，只有当事人举证困难的，法院才可以依职权查明，可见，只有51条列举的几种方式才是法律鼓励当事人采用的查明途径，结合我国诉讼程序中比较明显的法官职权倾向，可以推断出，前述第193条列举的外交和司法协助查明方法在我国主要由法官查明使用。在德国司法实践中，也有外交或者领事机构为法院提供外国法信息的案例，再如，1984年的《秘鲁民法典》第2053条规定："依照当事人的申请法官可要求行政机关通过外交途径取得对外国法院将适用外国法是否存在和内容的报告，法官也可依照职权行使上述权利。"在美国，不仅是法院，即使是当事人也可以利用外交途径获取其他国家驻本国外交或者领事机构出具的官方陈述来查明外国法，另外，芬兰和瑞典的法院和当事人都可以通过外交途径查明外国法，在日本、墨西哥、阿根廷、巴西、乌克兰、土耳其和格鲁吉亚等国家，外交途径获取的报告均可以作为外国法资料供法院外国法查明工作使用②。可以说不少国家都将外交或者领事途径的外国法查明当作了能提供公正、准确外国法信息的重要渠道之一。

理论上外交或者领事途径进行外国法查明的客观性和权威性是比较能得到保障的，但是弊端也比较明显。首先，使领馆等机构中不见得会有精通某些外国法的工作人员，真正进行资料查明和提供的是为使领馆提供服务或者有合作关系的法律专家，比如律师，那么这就使这种方法的权威性和客观性会大打折扣，在德国法院曾经有过类似的案例，某涉外案件中，法官请求外交部提供与案件相关的多个国家的法律情况报告

---

① 《第二次全国涉外商事海事审判工作会议纪要》第51条："涉外商事纠纷案件应当适用的法律为外国法律时，由当事人提供或者证明该外国法律的相关内容。当事人可以通过法律专家、法律服务机构、行业自律性组织、国际组织、互联网等途径提供相关外国法律的成文法或者判例，亦可同时提供相关的法律著述、法律介绍资料、专家意见书等。当事人对提供外国法律确有困难的，可以申请人民法院依职权查明相关外国法律。"

② Sofie Geeroms：Foreign Law in Civil Litigation：A Comparative and Functional Analysis，Oxford，2004，p. 146.

说明，表面上看提供报告的是收到请求的外交代表机构，但实际上进行查明的是职业律师，外交或者领事途径成为外国法专家查明方式的中转站[1]；其次，因为专家意见的获得需更多环节的资料中转、信息传递和精力的付出，可能造成一定的诉讼迟延和司法资源的浪费，日本学者就曾经指出，虽然不可否认外交途径进行外国法查明的方式的存在，但是这种方法耗时时间长、查明效果差强人意，所以实践中实际用的并不多[2]；最后，外交途径很有可能获得信息的渠道也是法律专家，这和专家证人或者鉴定人的途径不谋而合，并且也因为信息来源渠道的共通性具有了同样的成本负担的不利因素，但反观之，专家证人查明方式专家可以持续对资料的内容进行解释和补充，甚至接受法官的当庭质询，也就是说外国法查明成为一个持续的过程，而外交或者领事途径下，外国法查明往往是一次性的，不论查明的效果理想不理想，查明内容是否需要补充和调整，几乎都不可能再次通过外交途径来弥补，外交和领事途径可能成为成本很高但是效果很差的一种查明方式。

三、司法协助

司法协助途径查明外国法是指国家间通过订立条约或者公约的方式达成司法互助查明协议，约定通过缔约国对方的司法主管机关相互提供所需外国法律资料。司法协助的查明途径是国家间通过联系和合作搭建法律合作桥梁的有益之举，其对于国际法治合作和交流的价值甚至大于对国际冲突法适用和外国法查明的制度价值，有利于超越国家法律管辖范畴，在更广泛的国际层面维护当事人的合法权益，实现法律的公平和正义。

和外交与领事途径一样，司法协助方式也并没有在司法实践中得到

---

[1] Ulrich Drobnig: The Use of Foreign Law by German Courts, in Erik Jayme (ed.), German National Reports in Civil Law Matters for the XIVth Congress of Comparative Law in Athens 1994, Heidelberg, 1994, p. 21. 转引自苏晓凌：《外国法适用——一个宏观到微观的考察》，中国法制出版社 2015 年版，第 171 页。

[2] 2007 年在海牙举行的国际私法会议上为"外国法适用"的国际大会所准备的资料中，日本学者提出了相关的报告中有这样的说明。

有效激活和高效利用。早在19世纪末，国际法学会就曾做出过以决议来满足国与国之间交换法律信息之需要的建议，在随后的1900年的海牙国际私法会议上，更是有成员国直接建议可以在各国之间建立一项法律文件证明的交换制度，为涉外民商事法律资料的交换和交流提供制度支持，但在当时涉外案件外国法查明需求相对较少，各国国内外国法查明路径基本能够满足国内司法需求的背景下，该提议没有得到回应，不了了之。时过境迁，司法协助的查明方法仍然没有得到最大程度的重视，笔者分析主要原因有三：其一，如今各国的法制公开制度都在日益完善，新兴的互联网成为各国官方的法律法规公开媒介，甚至有法院在开庭的过程中当庭进行互联网外国法查明，对于轻而易举就能在权威的官方网站上获取的外国法资料而言，退而求其次选择程序复杂的司法协助方式显然非常浪费而且没有必要[1]；其二，专家查明和第三方查明机构的广泛兴起为外国法查明提供了更简明、更高效的选择，在我国《第二次全国涉外商事海事审判工作会议纪要》第51条中，也充分鼓励当事人通过法律专家、法律服务机构、行业自律性组织、国际组织、互联网等途径查明相关外国成文法或者判例，灵活简便的查明方式显然对于当事人来说比官方倾向的查明方式更具有吸引力；其三，相比较其他查明方式，司法协助和外交查明有一个共同的弊端，就是都有一定的“政治协助性”而缺乏“职业服务性”，对于个案来说，外国法查明服务应该是具体的、结合案情的对外国某领域法律规定和法律精神的综合理解，对于进行外国法查明的主体的职业资格、工作态度、专业能力以及服务投入都有较高的要求，也就是外国法查明不仅仅应该是外国法资料的提供，也应该是对案件和案情的深刻介入，这一点上司法协助方式确实很难满足。综上，笔者认为，既要充分看到司法协助在外国法查明工作上的官方性、真实性和权威性等优势，但也不能一味地强调任何一种查明方法的片面特征，而是应该不断地总结实践经验扬长避短，综合使

---

① 谢军：《上海一中院首创当庭上网查明外国法》，载于《光明日报》2006年1月15日，第6版。

用各种查明方式以达到外国法查明的最佳效果。

我国法律历来支持司法协助方式查明外国法,在司法实践中也积极签订外国法查明的互助协议,作为涉外案件审判中的重要环节,国际私法领域的司法协助在涉外案件的审判和执行中的重要性得到了司法界的高度认可。2015 年 7 月,最高人民法院在为出台《"一带一路"建设提供司法服务和保障的若干意见》召开的新闻发布会上,做出重要阐述:

一方面,我国在该领域已经具备了一定的司法实践经验的积累,在早期我国与外国签订的司法协助协定中曾经包含外国法查明的内容,例如,1987 年 6 月 5 日中国与波兰签订《中华人民共和国和波兰人民共和国关于民事和刑事司法协助的协定》,其中第 27 条约定:"由缔约一方法院或其他主管机关制作或证明的并加盖印章的文件,不必经过认证,即可在缔约另一方境内使用。"再如,1987 年 5 月 4 日中国与法国签订《中华人民共和国和法兰西共和国关于民事、商事司法协助协定》,其中第 28 条规定也是关于外国法的查明的,"有关缔约一方的法律、法规、习惯法和司法实践的证明,可以由本国外交或领事代表机关或其他有资格的机关或个人以出具证明书的方式提交给缔约另一方法院"。根据最高人民法院的统计,截至 2015 年 3 月,中国已经与 64 个国家缔结了 122 项司法协助条约,其中 104 项已经生效,民商事司法协助 19 项,已生效的有 17 项,另外,19 项民商刑事司法协助条约已全部成效。

另一方面,该意见的颁布意在强调加强我国与"一带一路"沿线国家的国际司法协助合作,积极推动缔结司法协助协定并积极倡导开展司法协助互惠合作,尤其要求在"一带一路"沿线国家进行先行先试,甚至可以在没有司法协助协定的情况下按照互惠原则先提供给对方国家司法机关协助支持,从而进一步扩大区域性司法协助的范围①。

---

① 最高人民法院时任民四庭庭长罗东川介绍"一带一路"司法保障情况并通报了 8 起人民法院为"一带一路"建设提供司法服务和保障的典型案例。参见记者罗书臻:《最高人民法院出台服务保障"一带一路"意见》,载于《人民法院报》2015 年 7 月 8 日,最后访问日期 2021 年 11 月 1 日,http://rmfyb. chinacourt. org/paper/html/2015 - 07/08/content _99832. htm? div = -1。

可见，司法协助的查明方式对于涉"一带一路"案例来说是具有战略价值的契合的，"一带一路"作为区域合作战略本身讲求通过打造人类命运共同体来建立相互依存、合作共赢的新型国际关系，开放战略本身需要以共通、合作、共享、包容、共赢的法治发展观作为保障，只有在双边命运共同体和周边命运共同体的战略思维的引导下，才能更好地促进国际法治合作和交流。所以，司法协助方式本身对于涉"一带一路"案例的司法保障是一种非常有利的制度支持，反过来说，"一带一路"倡议下的新的国际合作关系也会促进司法协助的外国法查明制度的发展。

梳理目前我国已经缔结的司法协助条约中与"一带一路"沿线国达成的协定可以发现（见表 3 - 4）：

表 3 - 4　　　　中国与"一带一路"沿线国家缔结双边民事或
商事司法协助条约的情况列表

区域	时间	国家
东亚	1990 年 10 月 29 日	蒙古国
东盟	1999 年 6 月 27 日	新加坡
	1997 年 7 月 6 日	泰国
	2001 年 12 月 15 日	老挝
	1999 年 12 月 25 日	越南
中亚	1995 年 7 月 11 日	哈萨克斯坦
	1998 年 8 月 29 日	乌兹别克斯坦
	1998 年 9 月 2 日	塔吉克斯坦
	1997 年 9 月 26 日	吉尔吉斯斯坦
西亚	1995 年 6 月 30 日	土耳其
	2005 年 4 月 12 日	阿联酋
	2008 年 4 月 24 日	科威特
	1996 年 6 月 29 日	希腊
	1996 年 1 月 11 日	塞浦路斯
	1995 年 5 月 31 日	埃及

区域	时间	国家
独联体	1993 年 11 月 14 日	俄罗斯
	1994 年 1 月 19 日	乌克兰
	1993 年 11 月 29 日	白俄罗斯
中东欧	1988 年 2 月 13 日	波兰
	2002 年 1 月 19 日	立陶宛
	1997 年 3 月 21 日	匈牙利
	2014 年 6 月 27 日	波黑
	1993 年 1 月 22 日	罗马尼亚
	1995 年 6 月 30 日	保加利亚

资料来源：中华人民共和国—条约数据库，http：//treaty. mfa. gov. cn/web/index. jsp。

除了在"一带一路"倡议提出以后与波黑签订的协定以外，其他协定签订时间比较久远，协定的内容表述也大同小异，主要体现在"司法文书送达""调查取证""承认与执行法院裁决"以及"承认与执行仲裁裁决"四大类内容，这些内容涉及提供法律法规、判例或者学说资料的义务条款，但是基本不太具体，也鲜有结合对方国家司法实践情况的量身打造的协定，更像是批量制造的产物，针对性比较差，所以在"一带一路"司法保障建设中司法协定视角的外国法查明制度的构建和完善工作仍然任重道远。

另外，需要补充一点的是，除了国家间缔结的关于外国法查明互换资料方面的双边司法协定以外，也有利用区域性或者国际性公约来加强国际私法外国法查明合作的一些司法实践。比如，1968 年的《布鲁塞尔国际公约》中缔约国约定定期交换各国的法律公报以及司法判例，同年的《关于提供外国法资料的欧洲公约》、1979 年的《美洲国家间关于外国法的证明和查询公约》也都在欧洲和美洲的区域范围内展开了较早的互助协助查明外国法的尝试，1969 年《伦敦公约》缔约国数量众多，构建了一种外国法查明方面的司法协助模式，各缔约国通过各自预先指定的专门机构向对方国家提出请求并且获取相关外国法信息。近年，欧盟也起草了《将来欧盟适用外国法规则的原则》（Principles for a Future EU Regulation on the Application of Foreign Law），在欧盟国家间外国法查明实践中达成了一些共识，诸如此类。

四、第三方机构查明

笔者通过中国裁判文书网、北大法宝等案例查询的相关网站查询了2010～2020年10年间的近60个案例，筛选案例的过程中遵循两个标准：第一，属于涉外民商事案件并且涉及外国法查明；第二，从裁判文书的内容中可以发现外国法查明的具体方式。得出如下结论：接近70%的外国法查明案件采用当事人提供的方式，约16%的案件采用法律专家查明，而其余的基本由法院查明，占比近20%。不难发现我国司法实践实际上以当事人查明为主，那么当事人以何种方式查明呢，按照《第二次全国涉外商事海事审判工作会议纪要》第51条的规定，"当事人可以通过法律专家、法律服务机构、行业自律性组织、国际组织、互联网等途径"提供相关外国法律的成文法或者判例，这其中提到了一个非常重要的查明方式，就是由法律服务机构、行业自律性组织和国际组织组成的第三方查明机构进行查明。

近年来随着全球经济一体化的发展，尤其是"一带一路"战略的推进，从事跨国经营的商主体只有了解东道国国家的法律，才能更准确地预判、控制和规避法律风险，更科学地安排商组织的合法合规运营，从而最大程度地保障和维护自身权益，同时，政府、国际组织、司法部门和国际争端解决机构，尤其是其中的法律工作者也因为工作需要产生了了解和掌握外国法的现实需求。查明外国法从来不是一件轻而易举的事情，即使是常年供职于解决国际商事纠纷部门的专业人士也只是对自己的本国法和有限的外国法知识有所了解，新需求催生了新创造和新机遇，通过委托外国法查明中心查明外国法的涉外司法实践在各国得到广泛应用，第三方的查明机构通过就职或者兼职于该机构的中外法律专家展开外国法查明服务，虽然叫做第三方机构，但是其查明实质仍然是通过专家查明，所以可以将第三方机构查明作为专家查明的实际延伸。

从国际司法实践来看，外国法查明的第三方机构是由法学院校、研究机构、图书馆、商业机构和外国法查明专业机构共同构成的外国法查明服务体系，体系下各机构进行了大量的法律收集、整理、编撰、翻译工作，成为外国法查明的新来源。

比如德国，当涉外案件按照冲突法规则需要适用外国法的，德国法院最常请求"马克斯－普朗克"比较法与国际私法研究所（Max Planck Institute for Comparative Public Law and International Law，MPIL，简称马普所）进行协助查明，该机构在第一次世界大战之后，由德国政府、企业界和凯撒—威廉协会共同创办，在研究人法、家庭法、继承法和财产法的基础上，也从事国际诉讼法比较和国际经济法比较的研究。该机构在德国涉外案件的国际私法咨询工作方面做出了重要的贡献，截至1987年，马普所就提供了大概10500份书面的外国法专家咨询意见，平均每年完成外国法咨询工作约150件，出色的外国法查明实践为马普所在德国国内和国际社会上赢得了很高的荣誉，所内专家在中国、日本等亚洲国家以及拉丁美洲国家法律方面展开的持续的研究成为具有权威性的外国法资料[①]。

瑞士也有类似的研究机构，即成立于1981年的位于瑞士洛桑市西郊、莱蒙湖畔的瑞士比较法研究所（Institut scisse detroit comparé），该研究所根据瑞士联邦议会在1978年10月通过的《关于瑞士比较法研究所的联邦法》和次年瑞士联邦委员会颁布的《关于瑞士比较法研究所的法令》设置而成，是直属瑞士联邦司法部的唯一官方法律研究机构。研究所和众多大学比邻，受惠于其法学院的图书馆馆藏和电子资源，可谓外国法资源非常丰富，学术研究氛围也比较浓厚。在瑞士法院法官或者当事人所需要的外国法资料主要通过瑞士比较法研究所获得，该所专

---

① 程建英：《德国马普协会外国及国际私法研究所介绍》，载于《比较法研究》1993年第2期，第222页。

家不仅普遍具有国外接受系统法学教育和法学实务训练的履历，也非常注重在世界范围内建立和运营广泛和良好的法律信息专家网络，因为其运行的规范性，研究所所提供的专家意见或者经由该研究所作为中介途径获得的外国法资料在瑞士得到高度认可和普遍采纳①。

法国采用的方式是由法院向法国政府下设的国际法信息中心（Centre d'information etde renseignements juridiques internationaux）获取外国法信息，该中心是法院指定的提供外国法信息和国际法信息的专门机构，同时法国还设置了隶属于法国司法部的欧洲和国际事务局（Service des affaires européennes et internationales），法院可以向事务局的联络官员获取相关欧洲的外国法资料②。

另外，还有世界法律信息研究所（World Legal Information Institute），作为非营利的全球性法律研究机构，由多家权威的法律研究所和组织构成，其中包括加拿大法律信息研究所、澳大利亚法律信息研究所、香港信息研究所以及太平洋群岛法律信息研究所等分支机构，该机构致力于为其用户提供全世界各地的法律、判例法、法律文献等信息资料及各国与法律相关的网址链接。

中国在第三方机构外国法查明工作上的进展也非常令人欣喜，并且随着一带一路建设的快速发展，相关工作也取得了更迅猛的提升。2018年，最高人民法院设立国际商事法庭并建成了"域外法查明平台"，同时与中国政法大学合作共建"外国法查明中心"，与西南政法大学共建"中国—东盟法律研究中心"，上海市高级人民法院与华东政法大学共建了"华东政法大学外国法查明研究中心"，另外还有武汉大学"外国法查明研究中心"和"蓝海法律查明和商事调解中心"等专业查明机构。上述机构和法院建立合作关系，接受法院委托，在涉外民商事案件中提供外国法咨询服务，对包括法律适用问题、外国法查明问题在内的事项提供咨询意见，将法院委托专家的传统查明方法变为专业机构为法

---

① 黄进：《瑞士比较法研究所简介》，载于《法学评论》1987年第4期，第64~66页。

② See Carlos Esplugues: José Luis Lglesias, Guillermo Palao, Application of Foreign Law, Sellier European Law Publishers, 2011, p. 192.

院遴选和鉴定专家、统一办理委托手续，规范化提供法律意见，这种形式不仅减轻了法官的负担，并且大大提高了外国法查明的专业性、规范性和效率性。

第三方机构查明虽然具有明显的专业性，专家的资质也基本可以得到保证，信息来源的权威性、准确性比较可靠。但是各机构的专家往往是基于在某一大行业领域的突出理论建树或者实务能力被机构选中，在复杂的国际商事纠纷案件中不见得能够应对各种各样的问题，所以专家库应该不断细化，专家水平和能力应该持续提升，从而更好地应对外国法查明的检索、解释和适用工作。

五、互联网查明方法

信息技术飞速发展的今天，互联网对于社会生活的影响无处不在，它悄然改变了各行各业的传统运作模式，包括对于国际私法的外国法查明制度的影响也是巨大的。法律信息从各国法律信息系统的源头出发，直接或者经过国际组织、研究机构、法学院校、商业机构、外国法查明专业机构等法律信息中介机构流向有外国法查明需要的主体，法律信息在传递和共享的过程中，不断被更新和归纳整合，最终形成高质量的法律信息。互联网信息海量丰富、传播速度迅捷、没有国界和地域限制，对于外国法查明而言没有任何一种方法能和互联网查明方式的快捷性、高效性、广泛性和低成本性相比拟。

很多国家的立法、司法和行政机构通过互联网公布本国法律信息供公众查询，而这些信息也同时成为各国政府和司法部门检索外国法信息的来源，比如，奥地利联邦总理府就建立了免费的在线法律信息系统（Rechts Informations System），上传了大量本国法律、州法律和各级法院的判例法，不少法律还附有英文翻译版本。

2002年，国际图联在欢庆75岁华诞之际，公布了《格拉斯哥宣言》《国际图联因特网声明》和《图书馆与可持续发展声明》，发起了不受限制获取和传递人类信息自由的权利宣言，这对于自由获取法律信息的意义也是非同寻常的。政府间国际组织积极致力于在线法律信息的完善工作，通过建立平台，收集、整理、发布成员国家的法律信息供有需要的国家、组织或者个人使用。例如，欧盟技术法规数据库（Eur – Lex／N – Lex）提供欧盟法律信息和欧盟成员国法律信息，该数据库可以提供相关法规的查询、免费浏览及下载使用服务。再如，法语国家国际组织（Organisation Internationale de la Francophonie）由 56 个正式成员国和 19 个观察员国，共 75 国组成，该组织作为一个多功能、全面的国际组织在政治、经济、法律等多个领域进行拓展，包括利用自己庞大的资源优势建立了联盟国家的法律信息门户网站，提供成员国家和区域组织法律信息数据库的链接，从而帮助成员国建立和完善本国的法律信息数据库。

被熟知的还有全球诸多法学学者、法律事务所和各类公司的法务部门都在使用的法律类数据库 LexisNexis，该数据库资料日日更新，链接至 40 亿个文件和 11439 个数据库，不仅收录了美国联邦所有的律法及规则，也收录了美国联邦与州政府约 300 年来的案例及判决书，还有欧洲联邦律法、英联邦国家法律法规和案例、1980 年以来的欧洲、美国、日本的专利全文以及 WTO 相关案例和条文等。法律全文数据库万律网（Westlaw）是隶属于汤森路透法律信息集团旗下的商业性质的查明机构，机构聘请专业律师以及具有丰富从业经验的法律专家，对各国法律法规和裁判文书进行系统整理和归纳，机构不仅提供法律检索服务，更是为法律专业人士提供经过知识附加的法律增值服务，甚至包括处理法律实务问题和撰写法律文书。亚洲法律资讯平台，提供亚洲各国的法律信息。加拿大法律数据库（CanLII），负责收集整理加拿大立法机构、司法部和法院等政府机构发布的包括法律、判例法、条约、法律文献和研究报告在内的法律信息。英联邦法律信息研究所（CommonLII）、英国和爱尔兰法律信息研究所（BAILII）也都提供法律信息，尤其是法院判决的案件报告，是英国和爱尔兰法律、判例法、法律报告和条约的在线数据库。伦敦大学高级法律研究所（IALS）作为挂靠于伦敦大学的研究机构，其下属的国家级的法律图书馆是欧洲及英联邦国家最大的英文法学图书馆，其在线资源对于英国涉外立法和司法工作有着不可估量的影响。另外，美国国会图书馆的法律图书馆、美国法典数据库（US Code Database）、美国联邦行政法典数据库（Code of Federal Regulations）、康奈尔大学法律图书馆网站（Cornell University Law Library）等，类似的线上资源不胜枚举，并在外国法查明中扮演着越来越重要的角色①。

在线法律信息渠道固然是目前效率最高，成本最低和最方便快捷的外国法查明方式，但是如同一个硬币的两面，这个方式的问题也非常明显。

第一，在线信息的可靠性有待商榷。从在线信息的发布主体和来源看，各级政府、国际组织、科研院校以及第三方专业机构都可能成为信息的来源，各级政府作为法律制定者，提供的法律文本相对比较权威，而其他信息主体则存在更多的不确定性，况且在线信息涉及公布、传播以及多次传播等问题，不能保证在线信息都能具有绝对的准确性和时效性。

第二，法律信息翻译的准确性无法充分保证。虽然不少在线信息都附有英文的翻译版本，但是普及率并不高，各国都用自己的语言制定法律，其他国家也都会按照自己的理解翻译法律，但是法律翻译不是简单的语言转换，而是涉及复杂的比较法学的理论和技巧，翻译过程中难免忽略法律条文背后蕴藏的法律理解、语言习惯、文化习俗和精神内核，依靠人工翻译虽然最可能反映复杂的法律资料本意，但是在浩如烟海、层出不穷的法律规范面前也是杯水车薪，只有依靠成熟的法律术语词典工具助力或者倡导主要在线法律数据库统一将条文翻译成全球通用语言进行传播和普及才是解决之道，这两项工作的落实落细也将是耗时耗力。

第三，法律信息的技术标准欠缺。标准化发展是经济、技术、科学和管理等社会实践中获得最佳秩序和效益的重要路径，在线法律数据的

---

① 吴宇宏：《浅谈对外国法查明工作的认识》，德恒律师事务所官网，2021 年 2 月 2 日，最后访问日期为 2022 年 1 月 11 日，http：//www.dehenglaw.com/CN/tansuocontent/0008/020643/7.aspx。

制订、发布和实施标准也应该达到统一，否则信息网络技术提供的法律信息越多，多样化的技术标准反而会给外国法查明造成更多障眼法，不兼容的技术不仅不能将众多资源进行有效整合，法律信息资源的利用率提升不上去，还会大幅加大传播成本。这也要求在发展统一信息应用、开放系统间交叉链接等信息技术方面有所突破。

第四节　外国法的查明不能

即使当事人或者法官充分履行了自己的查明责任，但是由于外国法纷繁复杂、外国国家法律法规公开程度的差异、外国法查明极强的技术性和专业性以及各国司法投入不一等因素，并不能保证每个案件中的外国法内容都得到查明，这就产生了外国法无法查明的认定以及查明失败之后的处理。关于上述问题相关的国家立法、司法实践和学说都探讨得较少，但却关乎着外国法查明制度的落实落细，也标志着一个国家立法政策上的倾向性和对于外国法的态度，其重要性不言而喻。

一、外国法无法查明的界定

所谓外国法无法查明是指一国按照查明责任分配和查明方法，经过法官的调查或者当事人的举证，仍无法得知外国法的确切内容，就会产生外国法查明不能的情况。理论上可以把外国法查明不能分为外国法无法查明和外国法没有规定两种情况：主观情况，外国法无法查明，通常是指外国法与涉外纠纷有关的法律依据存在，一般情况下应该具有可查明性，但是因为法官需要结合具体案件情况，并且在权衡外国法查明所要付出的时间和经济成本与所获得的司法公正利益之后做出是否要用尽一切手段查明的决定，所以这里具有很强的主观性和人为干扰的因素，就会出现外国法无法查明的情况；客观情况，外国法没有可用于调整涉外案件相关法律关系的法律规范、相关判例，甚至可能连该国的学说和论著中也没有阐释相关问题，这种情况在许多学术著作中被称为外国法漏洞或者欠缺，在前文表2-1所列举的54个"一带一路"沿线国家中，有17个国家的法律制度处于不完善阶段，只有5个国家的法律制度处于完善阶段，所以，一带一路沿线很多处于法律制度构建初期阶段的国家这种现象也会格外严重。

其实，上述的主观和客观的无法查明，本质上还是存在一些不同的。第一种无法查明又可以分为法院法官因为畏难情绪或者司法成本的考量，主动放弃查明，可以是查了不能，也可以是未查不能，以及法院倾尽一切手段仍然无法查明的查明不能，第二种无法查明属于查明无果。从各国理论和实务看，关于上述两种外国法无法查明的救济存在两种不同的做法或者观点，一种认为对于上述两种无法查明不需要进行区分，可以采用相同的救济措施；另一种观点则认为，应当将两者进行区别，虽然都是外国法查明过程中无法顺利完成适用，但是查明不能的情况一般应适用法院地法，对于查明无果的有的主张作为国际私法上法的漏洞的一般性问题解决或者以驳回当事人援引外国法主张的方式解决①，有的主张外国法漏洞绝不应该以法院地法替代，因为那样会造成必须适用的冲突法规则实际上不被适用，应该尽可能地从外国法所属国法院的立场进行推测适用②。

二、外国法无法查明的认定标准

一个轻视或者仇视外国法的国家的法院就会对外国法查明提出比较高的证明标准和比较低的无法查明的认定标准，反之，一个采用国际主义立场或者内外法平等立场的法院则会提出比较低的证明标准以及比较高的无法查明的认定标准。所以，标准问题是涉外案件法律适用的关键问题，外国法无法查明的认定标准也具有很重要的意义：其一，外国法

---

① [韩]崔公雄：《国际诉讼》，有法社1994年版，第367页。

② Carlos Esplugues：José Luis Lglesias, Guillermo Palao, Application of Forejgn Law, Sellier European Law Publishers, 2011, p. 403.

无法查明的认定标准是受理案件法院地法官下一步司法行为的重要决策依据，外国法查明成功则法官将外国法作为准据法对案件展开裁判，外国法查明程序宣告终止，如果外国法查明失败，法官要决定是否进行进一步查明，或者提供补充性方案；其二，也是对法官冲突法行为甚至实体法主张的制约和指引，一旦设定了一个相对明确的标准，法官就不能轻率判定外国法无法查明，进而随意适用法院地法以达到排除外国法适用的目的；其三，法官做出的外国法无法查明的结论可以成为上诉法院审查的对象，如果下级法院对于外国法查明义务没有尽到法定的查明职责的时候，上级法院应该履行监督职能；其四，设定了外国法无法查明的标准并能够在实践中加以执行，对于实现冲突法正义，强化内外国法平等的冲突法理念也有积极作用。

虽然英国等将外国法视为事实的国家在外国法的证明标准上，通常采用一般事实的证明标准，但是外国法终究并非一般的法律事实，除了考虑事实证明的标准以外，还要从操作层面考虑外国法查明的程度是否存在限制，查明时限是否需要设置限制，是否应该用尽所有手段才能认定无法查明，从以上诸多视角来探讨和研究外国法无法查明的标准问题。

（一）合理性原则

外国法查明标准的设定其实是当事人、法官和公共利益等多方因素综合博弈的结果，在各方势力和各种因素考量的过程中最核心的因素其实是到底为了外国法查明的顺利完成，查明主体尤其是法官愿意和能够付出多大代价。如果愿意付出的代价更大，那么无法查明的标准就可以设定的相对较高，以保证如果没有经过可被认可的相当程度的努力，就不能被认定为外国法无法查明；如果法官愿意付出的代价较小，那么无法查明的标准就可以被设定的相对较低，也就是说即使没有经过充分的努力，也可以认定外国法无法查明的结果成立。所以，实际上，法官在查明过程中与外国法的客观存在和事实的接近达到了一个什么样的程度，是外国法查明标准中的核心问题，换句话说，法官的努力是否达到了"合理性"的程度和标准很重要。

关于合理性标准：需要明确以下几点：

第一，合理性原则的灵活标准。合理性作为比较抽象的概念被认为应该辅之以比较具体的判断标准，于是利用限制调查时间和要求用尽查明方法来设定就会成为具体的定性标准，但实际上，上述方式非常僵化，不够灵活。一方面，每个案件的查明需求、查明难度和查明条件都具有多样化特点，具体化的操作手段往往不具有合理性；另一方面，这种统一明确的要求往往会导致个案产生诉讼迟延和司法资源浪费的情况，从而损害一方或者双方当事人的利益，与最初的标准设定初衷背离。基于上述分析，合理性标准应该结合国家和案件的具体情况保持其抽象性的特点，而不必刻意具化。

第二，合理性原则的现实标准。无论是立法者、司法者还是当事人都应该达成某种默契的共识，外国法查明和内国法知晓是不同的，因为"法官知法"的前提并非全部法律，其范畴主要指内国法，所以法官对于外国法的适用既不可能也不需要达到对内国法适用一样的程度。所以在运用合理性原则时，应该考虑到不同国家的法律文化、政治制度的背景差别，只能求得对外国法的认知无限接近外国法事实，而不是和外国法事实完全贴合，即对于合理性原则的理解和适用应该是现实的、宽容的。

第三，合理性原则的相对标准。外国法是否能够查明是主观的、相对的，那么从是否应该穷尽外国法查明的所有手段来看，如果一个涉外案件的外国法查明只使用了一种或者几种方法而没有达到穷尽，法院往往就不能得出外国法无法查明的结论，进而不得采用其他补救或者替代的法律选择方案。但是这种观点如果从外国法查明的主观性视角分析又显得过于绝对了，一方面，一个案件可能并不能适用所有的查明方式，或者适用了会产生得不偿失的法律利益对比，比如正义与效率的价值权衡；另一方面，所谓的查明方法也是随着社会的变迁和时代的进步逐步增加或者变化的，某一特定历史时期的查明方法穷尽针对后来发展完善后的查明方法来讲可能就是不充分的。在主观性方面，英美法系国家的表现尤为明显，其关于外国法能否查明的认定，主要取决于当事人所提供的资料和交叉质证过程中的表现，而这一判断充满了浓厚的个人主义色彩，只能是对一项外国法得到充分证明判断与客观情况是否相符的相对性解释，而不是绝对性解释。综上，查明穷尽观点的出发点是好的，也是可以被采纳的，但是每一件案例中的外国法查明穷尽也应该是相对的，而不是固定的、绝对的。

第四，合理性原则的个案标准。合理性原则是外国法无法查明的认定标准中的软性标准和弹性机制，衡量无法查明的合理性是个案的，而不是一致或者统一的。有可能是查明的花费过高或者查明程序过度迟延，导致的经济和时间成本不合理而查明不能；有可能是查明的具体问题没有明确对应的成文法规定，判例或者学说也无明确说法或者存在歧义，导致的查明对象不存在或者不明确的查明不能；有可能是查明遭到客观或者人为因素的障碍或者干扰，导致的查明可能的合理性不充分的查明不能。以上各种情况虽然都会导致无法查明的认定，但是对于在哪一个程度或者节点可以认定无法查明，法官或者当事人怎么样才算是尽到了查明的能力的合理性标准都应该是具体问题具体分析的。

第五，合理性原则的过程标准。冲突法规范的结构设计是通过冲突规范的法律适用规则为具体案件选择适用的准据法，因为冲突规范设计之初就包含了对法律性质、政府利益、案件结果和当事人意思等因素的考量，所以其逻辑思维既有正向性，也有逆向性。这种情况也导致在外国法查明的合理性原则中，存在一种现象就是以外国法适用结果的合理性作为外国法是否可以查明的判断依据，或者至少明显地或者潜在地影响了法官查明的判断思路。但是，实际上，外国法查明应该是过程的，而不应该是结果的，也就是说不能由法院地法官在本国法立场上判断外国法适用结果是否合理，进而得出结论外国法是否应该以及能否查明，这种合理性已经由法院地国冲突规则的立法者在立法之初考量过了，并且将其意愿外化于冲突规则之中了。当然，如果适用外国法的结果会导致违反法院地国家的公序良俗原则或者违反强制性规定，可以排除外国法的适用，这种制度显然也已经通过公共秩序保留原则得到强化了。所以，对于法律适用结果的合理性不应该成为外国法是否可以查明标准的考量。

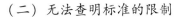

（二）无法查明标准的限制

在使用了指定的程序和方法之后，仍然无法查明外国法或者查明失败的，也应有所限制。

1. 明确法官是外国法无法查明认定的权利主体

不管依照立法规定和司法程序，查明责任和查明主体如何安排，但是查明失败标准的裁量主体却都是法官，无论在大陆法系或者是英美法系都是如此，这种制度体系也确实能实现冲突规范选择和适用的自洽，如果法官对于查明的结果有异议，或者查明的标准有质疑，即使得到了外国法的具体内容，也无法适用于具体案件，因为在其主观标准看来，外国法没有得到查明，或者查明的内容以及内容的解释有错误，这对于冲突规范的运作机制或者实体权利义务的最终裁判无疑将是致命的阻碍。所以，外国法查明失败必须由法官加以认定。当外国法由当事人负责举证的情况下，法官对于无法查明的结果的衡量和决定权是否会有所削弱呢，实际上，不仅不会被削弱，反而有可能裁量权得到强化，只要法官认为当事人关于外国法的举证不足以让人信服，就可以认为证明失败，从而认定外国法查明不能或者失败，法官对于外国法无法查明的认定就像任何简单的法庭事实不被采纳那样很容易得出最后的结论。

2. 对法官认定外国法无法查明的权利进行制约

正因为不管是当事人举证还是法官自己依法查明的情况，都需要法官对是否能够查明做出最后结论，所以，不管是否存在合理的无法查明外国法的标准，法官都成为外国法查明制度中的重要一环。毕竟，人都有趋利避害、去繁就简的本能天性，所以法官自然而然就会倾向于适用比较熟悉和简单的本国法，而避免适用陌生和复杂的外国法，尽管合理性的原则和标准可以引导法官进行科学判断，但是终究难以去除主观因素对"外国法无法查明"认定的消极影响，所以非常有必要对法官的相关认定和自由裁量权进行限制。主要从以下三方面展开：

第一，应防止法官对"外国法无法查明"认定标准的滥用。明确外国法查明失败和没有查明外国法的区别，法官往往承担着查明外国法的责任和义务，既然很多情况下外国法查明就是法官自己的义务，那么赋予其自由裁量权，显然会导致法官责任的懈怠，而且这份责任还要由法官进行自我监督，没有充分的限制显然是无法实现的。所以应该要求法官付出足够程度充分的努力，比如在采用的途径和花费的时间上做要求，这里的途径和花费的时间当然也要与个案相适应，与司法追求的各项价值相协调。

第二，应要求法官对无法查明外国法的认定标准进行特别说明。无论是查无此法还是查明失败，法官都应该就自己和当事人所进行的外国法查明行为进行具体说明，包括采用了哪些方法，认为在个案中查明途径应已穷尽的理由以及查明时间设定合理的理由等，说明应该非常注重个案原则，就是说不应该在每个判决中都是套话，而应该是结合具体案情和所涉具体国家国情、法情的客观推断。

第三，应设置上级法院的监督和审查机制。既然如前文述，法官自己的职责自己监督没有现实性和可能性，那么完全可以通过上级法院在二审甚至再审中对外国法查明不能的问题设定监督和审查机制从而实现对外国法无法查明的限制，应该允许当事人就法官怠于履行查明外国法之职责以及法官就是否能查明外国法的判断和外国法无法查明之裁量权等问题提起上诉。

三、外国法无法查明的处理方案

外国法无法查明，涉外案件的纠纷并未获得解决，法官就需要提供一种补充方案，各国在这个问题上都有不同的选择和处理方式。学者对替代方案做了一个最全面的总结，包括适用内国法，其中包括推定适用内国法和替代适用内国法，驳回当事人的诉讼请求，适用与本应适用的外国法近似的法律，适用一般法理，适用辅助性连接点所指定的其他法，适用一般法律原则等①。

---

① 刘来平：《外国法的查明比较研究》，华东政法学院博士学位论文，2006 年，第 135 页。

（一）推定适用内国法

虽然各国在处理外国法无法查明问题上的具体方式不尽相同，但仍然有一个共同规律，基本都倾向于或者认可适用法院地法，法院地法作为外国法无法查明的首要处理方案似乎具有自然而然的逻辑结果（见表3-5）。这一处理方案是指某一案件应适用外国法进行裁判，但如果采取了合理查明手段仍然无法查明该外国法内容，或者负有举证责任的当事人拒绝举证，法院作为一种补救手段，推定外国法内容和法院地法内容相同，进而适用法院地法，并且即使明知外国法的内容和内国法不可能相同，也不可推翻此推定。英国、美国和澳大利亚等国家的法院采用这种做法，因为英美法系国家在对待外国法性质问题上，将外国法视为事实，事实就应该由当事人进行举证，而当事人拒绝举证，推定外国法内容和法院地法内容相同不仅是一种解决外国法查明的补充方案，也是对无法提供证据支持其主张的当事人的负面评价，这是符合证据规则的。但是为了达到本国法适用的目的，推定外国法内容和本国法一致，显然短暂认可了外国法的"法律说"性质，采用这种方案显然与其坚守的理论传统无法完成自洽，而且既然无法查明，就说明并不知晓外国法的内容，对未知的外国法内容又如何能推定其与已知的内国法内容具有相似性，这种做法具有不能自圆其说的逻辑矛盾。

表3-5　　外国法查明失败后适用法院地法的国家和地区的情况

国家和地区	时间	法条
瑞士	1987 年	《瑞士联邦国际私法》第 16 条第 2 款：外国法内容不能查明时，适用瑞士法律。
泰国*	1939 年	《泰国国际私法》第 8 款：法院不能充分认定应适用的外国法时，应适用泰国国内法。
波兰*	1966 年	《波兰国际私法》第 7 条：无法认定外国法内容或者外国法的系属时，适用波兰法。
塞内加尔	1972 年	《塞内加尔家庭法》第 85 条第 2 款：无法证明外国法或者当事人拒绝证明而导致外国法欠缺的，适用塞内加尔家庭法。

续表

国家和地区	时间	法条
蒙古国*	1994 年	《蒙古国民法典》第 425 条第 4 款：如果采用了该条规定的适当措施仍然无法确定外国法的规则，那么适用蒙古国法律。
俄罗斯*	1922 年	《俄罗斯联邦民法典》第 1191 条第 3 款：如果外国法经过深入调查在合理期限内仍然无法查明，就应该适用列支敦士登法律。
突尼斯	1998 年	《突尼斯国际私法典》第 32 条第 4 款：如果无法证明外国法律的内容，就适用突尼斯法律。
匈牙利*	1979 年	《匈牙利国际私法》第 5 条第 3 款：如果外国法内容无法确定的，应该适用匈牙利法。
土耳其*	1982 年	《土耳其国际私法和国际诉讼程序法》第 2 条第 2 款规定：经过各种方式和努力仍然无法查明与案件有关的外国法规定的，则适用土耳其法律。
罗马尼亚*	1992 年	《罗马尼亚关于调整国际私法法律关系的第 105 号法》第 7 条：如果外国法律无法查明，则应该适用罗马尼亚法律。
白俄罗斯*	1999 年	《白俄罗斯共和国民法典》第 1095 条第 4 款：如果采取了本条规定的措施仍然无法实现在合理时间内查明外国法律规范的内容，则适用白俄罗斯共和国法律。
奥地利	1978 年	《奥地利联邦国际私法法规》第 4 条第 2 款：如果经过充分努力的适当期限内，外国法仍然不能查明的，适用奥地利法。
列支敦士登	1996 年	《列支敦士登关于国际私法的立法》第 4 条第 2 款：如果外国法经过深入调查仍然在合理期限内不能查明的，则应适用列支敦士登法律。
斯洛文尼亚*	1999 年	《斯洛文尼亚共和国关于国际私法与诉讼的法律》第 12 条第 4 款：如果不能查明支配具体关系的外国法内容，则应适用苏洛文尼亚共和国法律。
哈萨克斯坦*	1999 年	《哈萨克斯坦共和国民法典》第 1086 条第 4 款：按照本法本条规定采取了相应措施，仍然在合理时间内不能查明外国法的内容的，适用哈萨克斯坦共和国法律。
魁北克	1991 年	《魁北克民法典》第 2809 条：加拿大其他省或者地区以及外国国家的法律可以被视为已知的事实，假如已经对该域外法进行了抗辩。倘若没有对该法进行答辩，或者不能查明他的内容，法院适用魁北克现行法律。

注：带 * 的为涉 "一带一路" 国家。

法院地法的补充性适用的优势和弊端都是显而易见的，适用法院地法法官就可以更好地运用自己比较熟悉的内国法律，从案件审判的质量和稳定性来说都具有更优性，从法律的确定性、可预见性以及司法安全性等视角看也更具有保障，有效避免了适用陌生外国法的困扰，相应的法院地法适用的成本也比较低。

虽然该方法在英美法系国家比较普遍，但是争议也颇多。

其一，相似性推定的逻辑判断很难做出。推定适用法院地法建立在做出外国法和内国法存在相似性关联的逻辑判断的基础之上，而事实是这两者之间并不一定具有相似关系，在普通法系和大陆法系国家之间，甚至相同法系的两个国家之间，推定法律的相似性都具有相当高的难度，要做出具有相似关系的判断往往缺乏强有力的证据支持，司法实践中采用上述做法的国家并没有办法给出关于未查明外国法和法院地法具有相似性的充分理由，所以在英美法系国家之外，响应者其实并不多见，在英美法系国家内部也受到诟病，比如，英国著名学者莫里斯（Morris）就曾经批判这种做法不过是矫揉造作而已，不如直接适用内国法来的干脆利落①。

其二，导致法院地法适用的泛滥。外国法查明无非是法官依照职权查明或者是当事人负有举证责任，在法官依照职权查明的情况下，法官因为法律适用偏好和惯性容易有意降低外国法无法查明的标准从而造成查明失败，如果查明失败的首要补充适用法是法院地法，必然更加助长法官回避外国法的倾向，就会一定程度促使法官更加草率地做出外国法无法查明的决断，造成外国法查明难的恶性循环。在当事人承担证明外国法责任的情况下，只要当事人不对外国法尽力证明，就可以达到规避外国法适用的目的，法官转而适用法院地法，进而打乱冲突法规则既定秩序，这对于将冲突规范定位于强制性规定的国家来说无疑是不利的。

其三，并非是所有案件的合理解决方案。涉外案件最突出的特点就是涉外，涉外性决定了案件的主体、客体或者内容可能具有与内国相应

---

① J. H. C. Morris：The Conflict of Laws，London：Stevens and Sons，1993，p. 40.

要素不同的特点，按照法律关系本座说理论或者密切联系的观点，案件联系最紧密的"本座"可能因为法律关系本身的性质或者案件相关的要素与国内法产生关联，也可能与外国法产生关联[①]。法院地法如果经常性地被推定与外国法相似，必然在部分案件中引发适用不当或者适用不能。

（二）直接适用内国法

直接适用内国法也叫做替代适用内国法，是在无法查明外国法内容的情况下替代适用内国法的一种处理方式，与前述推定适用内国法非常相似，很多学者直接不做区分。推定适用内国法和直接适用内国法在结果上都是适用了内国法作为外国法无法查明的处理方案，但是推定适用内国法必须具备推定内国法与外国法相似的前提，而直接适用内国法更多的是基于法律的内容本身以外的因素的考量，比如，一方面，直接适用内国法是一种表面上看起来顺其自然但是却符合各方利益期许的一种权宜之计，既然外国法无法被证明，驳回当事人的诉讼又不符合司法审判对公平正义的价值追求，在没有其他替代方案的情况下，适用内国法成为无论是法院还是当事人都觉得更顺理成章和愿意接受的方案；另一方面，如果说上面一种理由是探讨法院和当事人被动接受的问题的话，其实从另一个侧面，也存在一种主动选择的问题，对于当事人而言，在个案中有的时候查明的成本高、难度大，虽然当事人接受法院的安排进行查明，但是实际上迫于诉讼时间成本和金钱花费的压力，当事人的查明并不竭尽全力或者根本就不行查明之责，当事人清楚知道这样做的后果必然是内国法直接适用，这等于是当事人默示的法律适用选择。因为直接适用内国法的方法最符合各方当事人和法院地国的法律适用利益，也最方便、最经济，所以该方法成为法院处理外国法查明不能最常见的方法。

---

① "法律关系本座说"是德国著名私法学家萨维尼提出的，萨唯尼是德国历史法学派的泰山北斗，他主张从法律关系本身的性质来探讨"本座"。

大陆法系国家和地区几乎都支持直接适用内国法的方法。在大陆法国家的法国曾经出现过多个完全不同的案例但是最后都一致地适用了法国法作为审理案件的法律依据。在卜道特对柯莱特之诉（Budot v. Collect）的交通事故损害赔偿一案中，事故发生地安道尔关于交通事故损害赔偿的规定尚属于空白，法院裁决适用法国法作为准据法。① 在齐克曼对老巴夺之诉（Zikman v. Lopato）的民事纠纷一案中，一方是美国公民，另一方是来自当时中国东北地区的波兰公民，案件需要适用当时的中国法，但是由于案件发生时正值中国战乱时期，所以特殊的历史原因给外国法查明带来了更多的困难，尽管当时的中国法律与法国法律存在非常巨大的文化差异，但是最后法院依然决定适用内国法②。后续法国 20 世纪八九十年代初期出现的案例中，不论是当事人有责任查明本应适用的外国法而未能查明的情况，还是当事人提供的材料在法院看来不够充分翔实的情况，法院都作出过适用法院地法的判决，似乎以当事人未能提供有效的外国法法律资料为由适用法院地法是法国地方法院和最高人民法院的一贯传统。在大陆法系的德国对于当事人无法查明外国法的，比如，准据法所在国的相关外国法缺失或者外国法资料不足或者存在争议等情况，有和法国法院相似的处理方法③。

在英美法系国家，虽然没有成文法明确做出直接适用外国法的规定，但是在司法实践中也存在直接适用外国法的规则。比如，英国的沙克对穆罕默德·阿尔·布洛维之诉（Shake v. Mohammed AL - Bedrawi）一案就非常具有代表性，案件经审理应该适用美国宾夕法尼亚州法律作为准据法，下级法院推定认为该法律与内国法相似，从而认为应该适用内国法进行裁判，但是上诉法院在审理时却提出了不同意见，认为虽然适用英国法作为准据法的结论并无不妥，但是不要将英国法与本应适用

---

① Judgement of June 22, 1970, Trib. gr. inst., reprinted in 99 Journal de Droit International 311 (1972) (Fr.).

② Judgement of Nov. 25, 1971, Trib. gr. inst., reprinted in 62 R. C. D. I. P. 499 (1973) (Fr.).

③ 刘来平：《外国法的查明》，法律出版社 2007 年版，第 144～145 页。

的宾夕法尼亚州法律具有相似性作为前提，也就是说在这一案件中英国法院的做法是直接适用内国法，而不是推定适用内国法①。在美国的部分州，比如得克萨斯州和加利福尼亚州的法院都要求在无法查明外国法时基于公正和有利于审判顺利进行的视角适用本州法律。

多数国家采纳直接适用内国法的做法都基于在无法查明外国法的情况下，该做法是毋庸置疑的最好的选择，这一结论似乎无可指摘，但是却不能用某种严密的逻辑演绎进行推理，抛开逻辑本身，从诉讼经济、程序便利以及法院地国对于内国法的偏爱性等视角并不难解释这种方式存在的合理性，从法律适用应该有利于诉讼的顺利进行而不是阻碍诉讼的顺利进行的视角，从对于案件结果的公平正义的视角，直接适用内国法都应该继续存在并且在合理的情况下充分发挥作用。

（三）驳回当事人的诉讼请求或以该查明外国法为依据的被告的抗辩

驳回诉讼请求是当法院认为原告请求之内容缺乏事实依据或者没有法律依据的情况下作出的对其诉讼请求不予支持的判决，驳回以该查明外国法为依据的被告的抗辩是指被告以外国法为依据对抗原告请求权的抗辩被驳回。当外国法无法查明时，如果说法院推定适用或者直接适用内国法作为准据法属于一种更加积极的处理方式的话，那么驳回当事人的诉讼请求或者抗辩则属于一种比较消极的处理方式，是法院对当事人实体请求权的一种否定和负面评价。驳回当事人诉讼请求或者抗辩再次回归到冲突规范的适用规则上，尤其是赋予冲突规则强制性的国家更是如此，冲突规范的适用就意味着应该作为准据法的外国法的内容如果被查明就应在案件中被适用，即使没有被查明也不应该随意被替代，而是应该以不存在冲突规范所找寻的合理的法律依据为由予以驳回，在采取外国法的"事实说"的国家也是如此，既然外国法被作为一种应该由具有举证义务的当事人进行举证的事实，那么在诉讼程序的视域里，无

---

① Shake v. Mohammed AL – Bedrawi § 42（C. A. 2002）［2003］Ch. 350.

法对事实进行充分举证就应该接受请求或者抗辩被驳回等诉讼不利的后果。

英国法院因为将外国法当做"事实",所以比较多采用驳回诉讼请求或抗辩的做法来解决外国法无法查明的问题,在梅尔对罗伯茨之诉(Male v. Roberts)① 和弥母柏莎音乐有限公司对伯斯音乐有限公司之诉(Mother Bertha Music Ltd. v. Bourne Music Ltd.)② 两个案件中,前者未能按照法官指示证明外国法的存在及其具体内容,后一案件中,法官推定原告理应知晓案件无法适用英国法或者推定适用英国法却并未依据外国法内容提出要求,同样的,法官驳回了当事人的诉讼请求。美国州法院和联邦法院在是否采取驳回诉讼请求和抗辩的问题上持有不同的态度,各州法院对于驳回当事人请求和抗辩采取比较谨慎的态度,而联邦法院则认为当外国法无法查明时,以内国法替代适用一个尚属未知的法非常不现实也不具备可操作性,如果诉由是违反了该外国法的话,外国法无法查明诉讼更加丧失继续进行的基础,所以尽管驳回当事人诉讼请求或者抗辩并非完全没问题③,但是法院依旧选择这种处理方式。比如,沃尔顿对阿拉伯美国石油公司之诉(Walton v. Arabian American Oil Co.)一案④中,该案是一起由阿肯色州居民控告特拉华州某公司的交通肇事侵权案,原告基于自己在交通事故中遭受的身体损伤在纽约联邦地区法院提起损害赔偿,原告律师主张案件应该适用纽约州法律,原告及其律师拒绝对事故侵权地法律沙特阿拉伯法律进行举证,据此一审法院做出了不利于原告方的判决,二审法院维持了驳回诉讼请求的结论。另外,需要阐明的一点是,无论英国还是美国的法院如果面临的无法查

---

① Male v. Roberts (1800) 170 Eng. Rep. 574, 574 (K. B.)

② Mother Bertha Music Ltd. v. Bourne Music Ltd. 31 July 1977, IIC 1998, 673.

③ 威廉·雷诺兹(William L. Reynolds)提出不应该在外国法无法查明的情况下粗暴地采用驳回诉讼请求的做法,那只是从理论上进行的概念推演,会忽略民事诉讼规则的基本精神,即使采用受案法院的法院地法也在有些案件上有立法和实践上的依据和可行性。See William L. Reynolds: "What happens When Parities Fail to Prove Foreign Law", 1997, Mercer Law Review.

④ Walton v. Arabian American Oil Co. 233 F. 2d 541 (2d Cir. 1956).

明的外国法属于非普通法系国家的法律时，更偏重采用驳回诉讼请求的做法。

在大陆法系的典型国家德国和法国观点也有所不同。《德国民事诉讼法》第293条是关于外国法查明的规定，内容为"外国的现行法、习惯法和自治法规，仅限于法院所不知晓的，应予以证明。在调查这些法规时法院不应以当事人提出的证据为限；法院有权使用其他调查方法并为使用的目的而发出必要的命令"。该条并不涉及无法查明之后的处理方案，德国的立法实践认为不能仅仅因为无法查明外国法就驳回当事人的诉讼请求，这等于将查明外国法的职责完全归责于当事人，这与德国民事诉讼法查明责任的分配精神相违背。法国法院虽然主流观点认为不能因为未查明外国法就驳回当事人的诉讼，但是法国最高法院曾经在1984年出现过的一个案例中①做出了相反意见的判决，分析法国不同的判例发现一个基本的评判标准，就是如果外国法在一个案件中构成了当事人诉求的实质部分，法院就可能以外国法内容未被查明为由驳回当事人的诉讼请求，如果外国法在案件中并非实质构成，则法院一般不会仅仅依据外国法未被查明就驳回当事人诉求，也就是说这种方式应该被谨慎地在一个比较有限的范围进行使用。另外，荷兰法院的司法实践显示，如果当事人主张适用外国法却拒绝提供该外国法内容是出于诉讼策略的考量，那么法院将可能驳回当事人诉讼请求，西班牙法院的做法也类似，并且对于可以采用驳回诉讼请求做法的理由更加充分：一方面，出于传统冲突规则强制性制约的考量，一旦案件适用外国法作为准据法，即使无法查明也不能适用其他替代方案，否则就是对冲突规范强制性的公然背叛，这也能够保证涉外案件审判尤其是法律适用方面的可预见性和稳定性；另一方面，出于避免类似法律规避的情况出现之考量，当事人不应该具有利用冲突规范中外国法无法查明的漏洞实现其适用西班牙实体法的权利，否则这可能构成当事人的法律适用欺诈。

---

① Soc. Thinet案件，See 24 Jan. 1984，1984 Bull. Civ. I，No. I，No. 33，26. 转引自刘来平：《外国法的查明》，法律出版社2007年版，第152页。

综上，考察各国的立法和司法实践，虽然说外国法性质的"事实说"下，无法举证外国法就要接受法院驳回诉讼请求或者抗辩的不利诉讼结果是顺理成章的，而在外国法"法律说"的支配下，外国法查明失败，法官并没有立场和理由将案件做驳回诉讼请求处理，法官没有履行职责的不利后果不能理所应当地由当事人承担，但是这种理论上的逻辑并不能和现实的司法实践做法泾渭分明的一一对应。现实是，对于外国法的查明责任分配采用法官职权查明主义或者法官查明为主当事人举证为辅的国家基本都反对当外国法查明失败时简单地驳回当事人的诉讼，但是在采用当事人举证的多数国家虽然会有驳回诉讼请求或者抗辩的做法，但也同时不排除推定适用内国法或者直接适用内国法的实践。

检视驳回当事人诉讼请求或者抗辩的做法，其合理性在于：第一，对于冲突规范强制性或者外国法"事实"性质的绝对尊重；第二，规避当事人通过怠于查明外国法达到适用冲突规范指定的准据法以外的实体法的法律欺诈行为，当然还可以具体细分成几种情况来探讨这一维度，例如，当事人查明外国法失败是善意的，即外国法无法查明属于法律可以认定的客观现实，法官可以采用内国法或者采取其他替代方案，如果当事人不履行提供外国法的法律义务或者责任是出于主观原因，就应该驳回诉讼请求或者抗辩。主观的善意与恶意的判断当然会给案件的司法判定带来更多不稳定因素和风险，但是如果引入"当事人是否知道或者应该知道适用内国法比适用本来的准据法明显对自己更有利"的判断标准的话，也并非不可行。

更多的国家放弃驳回当事人诉讼请求或者抗辩的理由在于：其一，从理论逻辑上看，采用这一做法的国家深层次的根本逻辑还是将外国法当做一种"事实"来处理，所以一旦无法举证，就选择驳回诉讼请求或者抗辩，但是严格来看，多数国家也同时承认外国法这一"事实"的特殊性，它和一般的案件"事实"不能完全等同，证明失败的后果也不能相同；其二，从诉讼本身来看，诉讼的首要功能就是定分止争，外国法无法查明的情况并非鲜见，如果凡是得不到证明就一概驳回诉讼请求或者抗辩未免太过消极，不利于涉外民商事交往的开展和涉外民商事秩序的稳定；其三，从当事人利益的视角看，上文所述，很多国家采用驳回当事人诉讼请求或者抗辩是基于防止当事人法律适用的欺诈，但是如果从这一角度的反面来看，冲突规范的规则构成和法律适用的选择初衷本身也含有对当事人法律选择自由意志的尊重，如果采用替代方案或者国内法并不会造成明显的对当事人另一方的不利益或者司法审判的不公正的话，对于驳回诉讼请求或抗辩这一做法的负面效应的顾及恐怕仍然会占据上风。

（四）适用与原本应适用的外国法近似的法或者一般法理（原则）

近似法的方法也被称为比较法的方法，就是在外国法无法查明的情况下，既不直接适用或者推定适用内国法，也不驳回当事人的诉讼请求或者抗辩，而是适用与本来应该适用的外国法近似的法律，这种方法主要面临的问题就是如何判断近似，笔者大体将各国常见的判定标准分为两类：适用的比较多的就是用本应适用的外国法的"母法"来代替外国法，所谓"母法"即某国法立法时借鉴或者学习的外国法，或者某国法立法的理念和思路源于的外国法，而使得两国法看起来同宗同源。例如，澳大利亚承袭了英国法传统，当澳大利亚法律无法查明时，可以适用与其比较近似的英国法进行裁判；德国也有类似的做法，并且对于如今的德国法律理论也有所影响，在一战之后，德国的一个遗嘱继承案例中厄瓜多尔当事人根据其父亲遗嘱记载应该被剥夺遗产继承权，法院欲适用《厄瓜多尔民法典》进行裁判，但是因为正值战时《厄瓜多尔民法典》查明困难，因此德国法院认为适用智利民法比适用德国法更为妥当，因为厄瓜多尔民法典的制定是以智利民法为蓝本的①；日本也有相关案例，1963 年东京家庭裁判所的一桩养子关系确认申请案中，按照《日本法例》的规定，当外国法无法查明时应从之前施行的法令或者政治上或者民族上近似的国家的法律规范中推定其法律内容②。如果

---

① ［德］马丁·沃尔夫：《国际私法》，李浩培、汤宗舜译，法律出版社 1988 年版，第 323～324 页。

② ［日］北协敏一：《国际私法》，姚梅镇译，法律出版社 1989 年版，第 63～64 页。

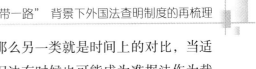

说一种是法律内容和起源的比较，那么另一类就是时间上的对比，当适用的现行法律无法查明时，曾经的旧法有时候也可能成为准据法作为裁判依据，例如，某案件中需要查明的现行玻利维亚民法典无法查明，曾经的旧玻利维亚民法典取而代之适用①。

相比较先前的几种方法，适用与本应适用的外国法近似的法的方法显然实际上没有排除外国法的适用，是最接近冲突规范规则所选择的法律适用方案的，从冲突规范最初设计的思路来看也就自然应该最大程度地体现司法审判的公平与公正性，这是该方法比较明显的优势。

但是近似法的标准和认定问题也是该方法很难逾越的理论和实践鸿沟，显然该方法涉及的法官的自由裁量权和主观因素要比直接适用内国法或者驳回诉讼请求更多，也给司法审判带来更多的不确定性，给审判结果带来更多的不一致性。况且，很多"母法"其实都是准据法所属国的原殖民国法律，从独立国家对于立法自主权的控制意愿来看，恐怕多数国家并不想本国立法被原来落后的殖民地国立法所替代，这从情感上看也不太合理。对于新旧近似法适用的情况，往往存在的问题就更多，一般一些基础性法律的新法和旧法之间相差的年份比较久远，内容也可能大相径庭，旧法的漏洞和不合理之处非常多，是否适用、如何适用，可能会给法官的判决结果带来比较直接的影响。

应对外国法无法查明的方案还有一个就是利用法理（原则）进行裁判，从法律解释学的角度看，在无法找到合适的补充性准据法的情况下，从事物的彼此关联上和内在规律上做出判断不失为一种方法。德国和美国都有这样的司法实践，认为国际统一法或者示范法、商事习惯法的内容可以以一般性原则的身份作为涉外案件的裁判依据，在国际法层面，法理或者法律原则也有更高程度的统一性，但是对各国国内法而言，各国的法理和法律原则必然存在很多差异，是否可以援引适用，应该适用法院地法法理或者原则还是原准据法国家的都存在争议②。理论

---

① Jacob Dolinger: Application, Proof, and Internation of foreign law: a comparative study in private international law, (1995) 12 Ariz. J. Int'l & Comp. Law 225, p. 24.

② ［日］山田镣一、早田芳郎：《演习国际私法新版》，日本有斐阁1992年版，第57页。

上的不完备并不影响实践中一些国家采用该方式，例如，日本大阪法院1964 年在审理一桩案件时，对于本应适用却无法查明的朝鲜法律，采取的替代方案是参照法理裁判①。

（五）适用辅助性连接点再次选择准据法

这种做法在日本有少数的拥护者，这些学者认为在无法查明外国法时，可以再次选择适用法，比如常见的系属公式中属人法不仅包括当事人的本国法，还有惯常居所地法和居所地法等，在本国法内容不明时，可以依次用其它连接点来替代，这是一种非常强烈的贯彻冲突规范法律选择理念和思路的意图，1995 年的《意大利国际私法制度改革法》第14 条第 2 款规定："虽然经过当事人协助仍然无法完成外国法查明的，应该根据具体情况，以针对统一法律事实规定的其他连接点指向的法律予以适用，该法亦不存在的，适用意大利法。"② 这一做法的弊端是采用补充性或者辅助性连接点往往意味着新一轮的外国法查明工作的开始，时间和经济成本的耗费在所难免，对于诉讼时效而言也会带来消极的影响，最重要的是这种付出并不能保证外国法一定得到查明，所以，这种方案始终没有成为广泛被采用的方案。还需要补充一点，就是有学者提出了上述五种方案以外的第六种方案，即"适用与当事人有最密切联系的国家的法律"③，例如，1998 年的《朝鲜涉外民事关系法》第 12条规定："当根据本法规定应该适用的准据法无法查明时，适用与当事人关系最密切的国家的法律，如果该法律不存在时，适用朝鲜民主主义人民共和国法律。"作为国际私法的灵魂原则，实际上最密切联系原则是一切冲突规范中法律问题和所指向的法域建立空间联系的关键，也就是除了意思自治对于法律选择的干涉以外，几乎联系的观点是连接一切的关键。所以实际上当外国法无法查明时，法官利用最密切联系原则重

---

① ［日］北协敏一：《国际私法》，姚梅镇译，法律出版社 1989 年版，第 63 ~ 64 页。

② ［韩］法务部：《各国的国际私法》，韩文译本，2001 年，第 234 页，转引自苏晓凌：《外国法适用 一个宏观到微观的考察》，中国法制出版社 2015 年版，第 205 页。

③ 李双元、欧福永：《国际私法》（第五版），北京大学出版社 2018 年版，第 137 页。

新进行准据法的选择基本无法离开原来冲突规范所指向的系属公式中包含的连接点，也就是说还是会指向一些有可能被查明的辅助性连接点，可以得出结论，"适用与当事人有最密切联系的国家的法律"更多的属于"适用辅助性连接点再次选择准据法"的具体应用。

第四章

"一带一路"背景下我国外国法查明的制度保障和现实困境

　　作为国际私法的基本制度，外国法查明是准确适用外国法的前提，是公正高效审理涉"一带一路"沿线国家民商事案件的基础，对于提升我国司法公信力和营造公平的营商投资环境至关重要，尤其是2013年习近平总书记提出共同建设"丝绸之路经济带"与"21世纪海上丝绸之路"的重大倡议，9年来，"一带一路"建设在中国大地和全世界范围广结硕果，中国走向世界，以负责任的大国身份广泛深入地参与新型国际关系的构建，无论是人类命运共同体的建设抑或是新型国际关系的建立都必须善于运用法治，审判职能的进一步发挥、司法服务工作的高效开展都是人民法院保障"一带一路"建设的重要职责，更是光荣使命。目前，我国无论是立法还是司法对于外国法查明工作的认知和投入都不充分，具体立法和司法实践缺乏统一协调，外国法查明方式单一，操作性不足，难以适应多样化司法需求。未来，整合相关立法并校正基本理论，设计能积极回应"一带一路"建设中外主体的司法关切和需求的外国法查明制度任务紧迫。

第一节 外国法查明制度的理论解析

我国外国法查明制度主要面临以下两个问题的理论重构：第一，冲突规范的适用是强制性的还是任意性的？第二，外国法的性质如何定位，以及外国法性质与查明责任分配有无关联。

一、冲突规范的适用是强制性的还是任意性的？

普通法系国家和大陆法系国家对于冲突规范的性质历来存有争议，普通法系多持"任意性冲突法"主张，这些国家的法院除非当事人一方要求以外国法作为准据法，否则一般适用法院地法，大陆法系持"强制性冲突法"主张，这些国家的法院法官有义务按照法院地的冲突规范适用准据法。我国学者对此也有分歧，曾有一些地方法院在司法实践中将冲突规范作为任意性法规对待，导致乱象丛生[①]。

笔者认为，我国的冲突法应属于强制性规范。梳理《民法典》颁布之前的一些曾经的和现行有效的法律规定可以发现，在《涉外民事关系法律适用法》出台之前，我国的冲突规范主要集中在《民法通则》第八章"涉外民事关系"中，《民法通则》并非任意性规范，所以其中的冲突规范部分也应该非任意性。随后印发的《关于贯彻执行〈中华人民共和国民法通则〉若干问题的意见》第一百七十八条第二款："人民法院在审理涉外民事关系的案件时，应当按照《民法通则》第八章的规定来确定应适用的实体法。"明确了我国冲突规范的强制性。在2000年颁布的《最高人民法院关于审理和执行涉外民商事案件应当注意的几个问题的通知》中更是对这个问题给予了肯定答复，通知第二点

[①] 郭玉军：《近年中国有关外国法查明与适用的理论与实践》，载于《武大国际法评论》（专论），第4页。

强调了民商事领域涉外案件的审理中应该严格按照冲突规范的指引确定准据法。除了《合同法》第一百二十六条第二款规定的三类合同①强制适用中国法以外，通知认为坚持冲突规范的强制性是程序公正和实体公正的保证，也是国家主权原则的体现，毕竟冲突规范和实体法一样都是国家立法机关通过法定程序权威发布的，即使结果可能指向外国法依然体现立法者的意志。另外 2010 年发布的《涉外民事关系法律适用法》第 4 条②和 2012 年底公布的《〈涉外民事关系法律适用法〉若干问题的解释（一）》第六条③也都从不同侧面明确强调了冲突规范的强制性，并强调了冲突规范强制性的立法精神。综上：除了物权、债权和婚姻家庭等允许当事人意思自治的领域、"我国法律规定直接适用于涉外民事关系的部分"④ 以及有明确属地适用范围的 "自限性规范"⑤ 以外，不论当事人有无申请适用外国法，法官都应该主动依照职权探明是否有适用域外法的可能性并进行查明适用，否则可以被定性为案件的错误适用，在二审改判或者被审判监督程序纠正。

---

① 《中华人民共和国合同法》第一百二十六条第二款："在中华人民共和国境内履行的中外合资经营企业合同、中外合作经营企业合同、中外合作勘探开发自然资源合同，适用中华人民共和国法律。"

② 《涉外民事关系法律适用法》第 4 条规定："中华人民共和国法律对涉外民事关系有强制性规定的，直接适用该强制性规定。"

③ 《〈涉外民事关系法律适用法〉若干问题的解释（一）》第六条规定："中华人民共和国法律没有明确规定当事人可以选择涉外民事关系适用的法律，当事人选择适用法律的，人民法院应认定该选择无效。"

④ "直接适用的法"包括法律直接规定涉外关系适用我国法，包括按照公共秩序保留原则要求直接适用我国法的部分，比如《〈涉外民事关系法律适用法〉若干问题的解释（一）》第十条规定涉及社会公共利益的无需通过冲突规范的指引而直接适用我国强制性规定。

⑤ "自限性规范"是指法律条款中含有明确的属地适用范围，比如《合同法》第一百二十六条第二款规定的三类合同，《劳动合同法》第二条规定："中华人民共和国境内的企业、个体经济组织、民办非企业单位等组织与劳动者建立劳动关系，订立、履行、变更、解除或终止劳动合同，适用本法。"《证券法》第二条规定"在中华人民共和国境内，股票、公司债券和国务院依法认定的其他证券的发行和交易，适用本法。"此外，还有《保险法》第三条、《票据法》第二条第一款等。参见李凤琴：《涉外民事关系法律适用中的强制规则的识别》，载于《法治研究》2014 年第 6 期，第 51 页。

二、外国法的性质为何以及与查明责任有无关联？

如前文关于"事实说"和"法律说"的对立讨论中所述，国际私法理论和各国司法实践普遍认为外国法查明中的外国法兼具"法律性"和"事实性"的双重属性。这种新的共识与我国多数学者的认知也基本相符，在我国，学者普遍认为，涉外民商事诉讼中采取"以事实为依据，以法律为准绳"的原则，包括二审也是全面审查的原则，不论将外国法作为"法律"或"事实"，法官都必须依照职权查清，所以得不到实践回应的性质之争没有意义[1]。笔者认为，诚然，中国并无将外国法看做"法律"或者"事实"的传统，外国法查明问题也不能仅仅从冲突法体系或者诉讼法体系中孤立地寻求答案，但是在梳理我国立法对外国法查明问题的分工时，性质之争的诘问对于反思和修正现有立法安排仍是必要的。

《涉外民事关系法律适用法》第十条确定了我国外国法查明职责分配是以法官职权查明为主，以当事人自由选择法律的民商事领域的提供法律内容为辅。一方面，必须肯定外国法查明制度中外国法的定性并非毫无意义，其关乎冲突法理论的构建，"法律"抑或"事实"，不能从对外国法查明责任的现有规定中寻找答案，那样就会走入"依照法官职权查明的外国法就是法律"，而"由当事人自己提供的外国法就是事实"的悖论中，对于外国法的定性不应该是反向思考，也不应该片面地从外国法查明制度中寻求答案，而应该立足于整个冲突法理论对于准据法的理解，外国法的性质与谁来查明无关，而是与冲突规范希望建立的内外国法平等的初衷有关，基于这一点，不管各国的查明制度如何，都不应改变对外国法"法"性质的理解，只有这样才能避免理论不断问责司法实践对市场需求的变化作出变幻无常的回应。另一方面，虽然外

---

① 黄进、杜焕芳：《"外国法的查明和解释"的条文设计与论证》，载于《求是学刊》2005 年 3 月第 32 卷第 2 期，第 71 页。

国法查明中的 "外国法" 是一种 "特殊的法律"，但是并不影响司法实践中安排法官以外的查明路径，包括当事人查明方式，因为包括我国在内的各国在构建外国法查明路径的过程中除了考虑诉讼理论和证据规则，也考虑了当事人的意志和实体权益、诉讼成本和效率，以及内外国法律和主权的平等，既然外国法查明是一个多元化的考量机制，那么它的构建离不开外国法的定性，也不该陷入定性的囹圄。

相对比单纯的法官职权主义，当事人对于外国法查明责任的承担并不会导致我国职权主义的外国法查明的诉讼程序构造的崩塌，也不会导致我国国际私法理论已经建设的外国法的不同定性与冲突规范的强制性抑或是任意性的内部勾连关系发生断裂或者矛盾，反而更符合强化当事人举证责任、弱化法官证据收集的民事诉讼的改革背景，有利于重新调整法官和当事人在民事诉讼程序中的功能和角色定位，从更宏观的诉讼程序的价值追求的视角看，也能同时兼顾民事诉讼程序经济效率的价值取向和国际私法判决目标一致性的稳定价值需求。虽然这种折中的方式并不和冲突法理论非此即彼的传统理念完全吻合，但是却也绝不是无立场的和稀泥，而是按照涉外法律关系的不同定性、权利义务的关系安排、社会公益的关联程度、举证责任分配的经济效益等多方面的内部关联性，分配法官和当事人的外国法查明责任。这种选择其实需要比 "事实说" 还是 "法律说" 的争论本身更深刻的思考，需要更多的关于冲突法传统理论的自我检视以及诉讼层面具有实证性和说服力的解说和论证，也更需要对法官和当事人的外国法查明责任分工作出具体边界的划分和职责不履行的后续程序救济安排，这种理论的诘问和反省对于整个外国法查明制度的完善将产生非常巨大的正向促进作用。

第二节　外国法查明制度的立法现状

人民法院能否正确适用和解释外国法、国际条约和惯例，关系着 "一带一路" 参与主体对我国投资、贸易环境以及法律风险环境的评估，宏观立法的矛盾和冲突成为涉"一带一路"案件外国法查明工作的瓶颈。

从20世纪末到21世纪初的近20年间，我国外国法查明的立法层出不穷，然而规定过于分散、内容重叠矛盾，用有的学者的话来说就是国际私法的立法思路长期以来"立足增量，不动存量"，导致立法带有不同时代的不同印记，呈现不同时期的各异风格，法规内容顾此失彼，前后矛盾，这就好像不同的器官共存于国际私法的机体之中产生排异反应从而无法共生，大大降低了整体机能①。

梳理外国法查明制度的相关规定，《关于贯彻执行〈中华人民共和国民法通则〉若干问题的意见》第一百九十三条提出了外国法查明的五种路径，包括：由当事人提供、由与我国订立司法协助协定的缔约对方的中央机关提供、由我国驻该国使领馆提供、由该国驻我国使馆提供、由中外法律专家提供5种，如果上述途径仍无法查明的，适用中华人民共和国法律，上述方式构成了我国一段时期以来外国法查明的主要制度核心。但是司法实践的情况并不一致，各级法院对此理解不同，大多法官实践中基本把查明责任完全转嫁给了当事人，忽略了外国法查明中的行政机关和社会团队的责任分担机制，很多案件因为查明困难而最终适用法院地法。2005年最高人民法院发布的《第二次全国涉外商事海事审判工作会议纪要》第51条列举了当事人查明的多种路径，除了上述意见中提到的五种查明路径之外，还包括通过法律服务机构、行业自律性组织、国际组织、互联网等途径提供涉外案件所要适用的外国法律的成文法或者判例、法律介绍资料、专家意见书等，纪要第一个明显的思路就是在官方查明方式之外大量引入了社会第三方团体或者组织机构的查明主体，第二个明显的思路就是明确了当事人查明为主，举证困难情况下法官例外查明补位的层次查明体系，"一边倒"的责任安排导致法院在外国法查明过程中几乎可以置身事外，法律适用的准确性大大

---

① 丁伟：《后〈民法典〉时代中国国际私法的优化》，载于《政法论坛》2020年9月第38卷第5期，第34页。

降低。2007年最高人民法院颁布《关于审理涉外民事或商事合同纠纷案件法律适用若干问题的规定》，其中，第9条第2、3款和第10条①首次提出法官和当事人的"二元主体"，对于外国法查明不能的，依法适用中国法律，该规定一定程度地挽回了外国法查明不利的局面。而外国法查明的不利局面真正得到改观源于2011年《涉外民事关系法律适用法》的颁布，该法第十条提出外国法适用的三点原则：第一，我国的外国法查明主体包括人民法院、仲裁机构和行政机关，三机关依职权负责涉外案件的外国法提供；第二，如果当事人选择适用外国法则当事人负有查明义务，确定了当事人承担查明责任的义务范畴；第三，查明不能时，法院应依法适用相关中国法。该法首次确立了国家机关依职权查明为主，当事人例外举证为辅的责任分担体系，有效地避免了责任推诿，对于外国法查明制度的完善意义重大。《〈涉外民事关系法律适用法〉若干问题的解释（一）》于2012年颁布，其中第十七条和第十八条②分别进一步规定了何为"查明不能"以及如何处理"当事人的异议"，"查明不能"的首次界定对于我国外国法查明制度与国际接轨，建立公平的法律适用环境以及保障"一带一路"建设都意义深远③。

分析以上立法发现：

第一，关于查明责任分配的规定不清，交叉重叠，冲突抵触。

---

① 《民商事案件法律适用规定》第9条第2款："人民法院根据最密切联系原则确定合同争议应适用的法律为外国法律时，可以依职权查明该外国法律，亦可以要求当事人提供或者证明该外国法律的内容。"第3款："当事人和人民法院通过适当的途径均不能查明外国法律的内容的，人民法院可以适用中华人民共和国法律。"第10条："当事人对查明的外国法律内容经质证后无异议的，人民法院应予确认。当事人有异议的，由人民法院审查认定。"

② 《〈涉外民事关系法律适用法〉若干问题的解释（一）》第十七条规定："人民法院通过由当事人提供、已对中华人民共和国生效的国际条约规定的途径、中外法律专家提供等合理途径仍不能获得外国法律的，可以认定为不能查明外国法律。根据涉外民事关系法律适用法第十条第一款的规定，当事人应当提供外国法律，其在人民法院指定的合理期限内无正当理由未提供该外国法律的，可以认定为不能查明外国法律。"第十八条规定："人民法院应当听取各方当事人对应当适用的外国法律的内容及其理解与适用的意见，当事人对该外国法律的内容及其理解与适用均无异议的，人民法院可以予以确认；当事人有异议的，由人民法院审查认定。"

③ 宋锡祥、朱柏燃：《"一带一路"战略下完善我国外国法查明机制的法律思考》，载于《上海财经大学学报》2017年第19卷第14期，第96~97页。

依照高位阶法优于低位阶法以及新法优于旧法的原则，《涉外民事关系法律适用法》的主张应该是现行规则，但相关解释并无说明，举一个法律适用问题上的例子，按照《涉外民事关系法律适用法》的第二条规定，"涉外民事关系适用的法律，依照本法确定。其他法律对涉外民事关系法律适用另有特别规定的，依照其规定。"这是采用特别法优于一般法的原则，可是该法第五十一条又规定："《民法通则》第一百四十六条、第一百四十七条，《中华人民共和国继承法》第三十六条，与本法的规定不一致的，适用本法。"这里明显采用的是新法优于旧法的原则，这里存在两点问题：其一，按照制定机关，《涉外民事关系律适用法》是全国人大常委会制定，该法第二条的"其他法律"有的却是由全国人民代表大会制定①，在不同机关制定的法律产生不一致时适用后者，虽然全国人大常委会制定的法需要保证与全国人大制定的法"不抵触"，但是只是分工不同和立法范围不同，并非有"效力高低"之分，从立法学的视角看可以视为同位法，那么这种规定的立法依据和法理依据是什么？其二，该法第五十一条采用的规则是当其他法律和本法出现不一致时适用本法，以新法优于旧法这种选择似乎可以解释通，但是《民法通则》第一百四十六条可以说既有一般规定也有特别规定，《涉外民事关系法律适用法》对应的侵权行为法律适用的第四十四条属于一般规定，适用后者会不会造成新法的一般规定优于旧法的特别规定的情况，又当如何处理？上述分析是针对法律适用问题展开的，因为法律适用本身在整个国际私法领域占据了核心地位，所以针对《涉外民事关系法律适用法》与其他旧法之间的关系有了一些立法和司法的解释，笔者可以就其所暴露的矛盾和冲突进行一些更清晰的阐释，而就外国法查明问题，《涉外民事关系法律适用法》并无明确的法条或者立法解释给出当该法和不同时期颁布的其他法律、法规、具有司法指导意义的文件出现矛盾时该如何处理，那么实践中就会更加不可避免地产生不同层

---

　　① 《民法通则》《合同法》《继承法》（都已废止）由全国人民代表大会制定，《涉外民事关系法律适用法》《海商法》《票据法》《民用航空法》等由全国人民代表大会常务委员会制定。

级国际私法规范相互交叉、互相抵触的情况，这一问题造成了难以调和的国际私法结构上的紊乱和不和谐。

基于此，囿于法官对外国法掌握的有限性和对外国法查明工作烦琐的畏难情绪，以及各级、各地法官在不同时期对于外国法查明职责分配、范围、查明方式等的差异理解，也就不难想象为什么很多涉外案件的受案法院习惯于要求当事人提供涉外适用法律，无法提供的一般直接适用中国法，事实上也的确很难苛责各级法院差别化的做法。在最高人民法院和地方法院陆续发布的涉"一带一路"典型案例中，对于外国法查明的立法安排法院的理解和把握显然更加准确，但是仍然存在一定问题。比如前文提到过的"蒂森克虏伯与中化国际案"和"太湖锅炉与卡拉卡托案"中，两案当事人均对适用的外国法进行了一致性约定，所以都是由当事人负责提供相关法条和判例，对于外国法查明的责任分配基本遵循了《涉外民事关系法律适用法》第十条的精神。但是上海市高级人民法院和海事法院公布的案例中，"厦门建发化工诉瑞士艾伯特买卖合同纠纷一案"和"三井住友诉中远案"审理中，虽然所适用瑞士法和希腊法均由当事人选择适用，但外国法查明工作依然都由法院承担。而天津高级人民法院"月光之路诉远东海产品案"直接明确域外法查明责任归属于人民法院，当事人只有在选择适用的情形下，才负有提供域外法的义务。综上，最高人民法院和天津高级人民法院选取的典型案例倾向于按照《涉外民事关系法律适用法》的规定采取"法官职权"为主，"当事人举证"为辅的观点，而上海法院选取的案例倾向"法官职权"查明外国法的观点，体现了对涉"一带一路"案件更加积极的处理方案和更加主动的服务精神。虽然各地采取的方案各有所长，但是其中的立法和法理依据何在，对于诉讼成本和诉讼当事人所体验到的诉讼公平性等因素是否有足够的考量，是否应该允许地方性标准存在，这就需要立法者从立法的视角出台规定或者解释，对一般性的外国法查明立法进行统一协调，对涉"一带一路"案件查明责任分配作出权威说明。

第二，现有立法缺乏解释性说明。

　　除了最主要的查明责任分配问题缺乏统一协调立法之外,《涉外民事关系法律适用法》和之前的几部立法存在的规定模糊不清等问题也是外国法查明的掣肘。在《涉外民事关系法律适用法》之前,《第二次全国涉外商事海事审判工作会议纪要》所述"当事人举证困难",何为"困难"?《关于审理涉外民事或商事合同纠纷案件法律适用若干问题的规定》中当事人和法官都可以查明外国法,到底由谁来查?通过"适当的途径"均不能查明的适用本国法,何为"适当"。

　　《涉外民事关系法律适用法》的出现尽管廓清了大部分模糊不清的理论问题,但是却也留下了一些新的问题,比如,《涉外民事关系法律适用法》第十条"当事人选择适用外国法律的",是否包括当事人一方选择适用外国法的情况?"当事人选择适用外国法"以外的案件是"应当"还是"可以"由三机关依照职权查明?再如,关于"无法查明"的标准,学界有观点认为《〈涉外民事关系法律适用法〉若干问题的解释(一)》第十七条规定明晰了"无法查明"的标准,但实际上具体分析该条,分为法院和当事人查明的两种情况,对于当事人提供外国法的,"在人民法院指定的合理期限内无正当理由未提供该外国法律的,可以认定为不能查明外国法律",可以说比较明确,因为用合理期限的相对客观的标准衡量主观的举证迟延是具有操作性的,即使在不同的法官之间也能获得相对稳定的结论,当然如果再进一步追问的话,"合理的期限"又应该如何界定呢,各地如何尽可能合理地统一呢,值得探究。对于法院无法查明的认定标准,第十七条界定为"人民法院通过由当事人提供、已对中华人民共和国生效的国际条约规定的途径、中外法律专家提供等合理途径仍不能获得外国法律的,可以认定为不能查明外国法律"。那么如何判断人民法院通过"已对中华人民共和国生效的国际条约规定的途径"仍无法查明外国法律的,如何判断人民法院通过"中外法律专家提供"的合理途径仍无法查明的,事实上涉外案件的专业性和复杂性程度极高,尽管法院的查明要通过上述途径来完成,但是法官的主观能动性和协调的作用却是极大的,法官的职责履行到何种程度才算是尽职尽责,其他行政机关或者社会团体和个人尽到多大的努力才算是尽了法律证明的义务，另外这里的"等"意指外国法查明，包括却不限于上述查明途径，"合理途径"并未做完全列举，那么实践中是否要求法官穷尽一切途径仍无法查明才可以适用中国法，如果不需要穷尽的话在个案中应该如何取舍，这都是解释不明晰带来的问题，可见立法的进步虽然对于外国法查明工作的提质增效促进作用明显，但是仍然存在差强人意的地方。上海法院公布的"厦门建发化工诉瑞士艾伯特买卖合同纠纷一案"曾提及："查明外国法是我国法院和法官的职责""在当事人无法提供外国法时，法院穷尽合理途径仍无法查明的情况下，才可以依据'无法查明外国法'的规定适用中国法"，该案例中法院委托华东政法大学实现了查明目的，假设该路径仍无法实现查明目的，是否可以认定为穷尽"合理途径"或者还需要继续进行哪些查明尝试，尚待商榷。以上立法上的悬而未决为外国法查明司法实践带来了一定障碍①。

第三节 涉"一带一路"案件外国法查明的专项立法和司法保障

一、涉"一带一路"案件外国法查明的专项立法和司法保障有待加强

相关领域的立法成绩还是非常显著的。我国围绕"一带一路"建设中的司法保障出台了系列指导性文件。最高人民法院 2015 年 7 月 7 日出台了《"一带一路"建设提供司法服务和保障的若干意见》，全文七次提到"平等"，包括平等价值理念的要求、平等保护中外当事人利

① 张正怡：《〈涉外民事法律关系适用法〉中的外国法查明制度》，载于《长安大学学报（社会科学版）》2011 年第 13 卷第 2 期，第 122 页。

益的原则以及坚持对各类市场主体的诉讼地位、法律适用和法律责任平等的要求。在国际私法方面,重点强调了在涉"一带一路"沿线各国的案件审理中要依法准确适用国际条约和惯例,积极查明和准确适用外国法律,增强裁判的国际公信力。《意见》对外国法"查明和适用"工作的定位,体现了大国的表率作用,意味着我们对外国法查明制度的构建,甚至是整个法治体系的构建都是开放性的和包容性的,这是在经济战略对接同时的法律政策的联通,对于消除沿线各国中外当事人涉外交往中的法律疑虑,对于整个"新丝绸之路经济带"和"21世纪海上丝绸之路"愿景的实现,甚至于建立新的国际民商新秩序都是具有战略价值的。

依照《"一带一路"建设提供司法服务和保障的若干意见》和相关司法解释和政策的精神,上海、天津等地紧密结合本地审判实践,发布当地法院服务保障"一带一路"建设状况的白皮书和相关典型案例,上海二中院制定了《关于适用〈中国(上海)自由贸易试验区仲裁规则〉仲裁案件司法审查和执行的若干意见》,天津高级人民法院同时发布了《天津市高级人民法院关于涉外、涉港澳台商事仲裁司法审查案件的审理指南》和《天津法院为"一带一路"建设提供司法服务和保障的实施意见》,并专门撰写《"一带一路"建设背景下域外法查明问题研究调研报告》。两地都提出了扩展域外法查明途径和建立外国法查明平台等有特色的地方性方案,密切回应"一带一路"建设中外市场主体对人民法院的司法需求。

2015年和2016年,《最高人民法院关于海事诉讼管辖问题的规定》和《最高人民法院关于人民法院进一步深化多元化纠纷解决机制改革的意见》等文件陆续发布,就实现海洋强国战略、构筑"一带一路"建设的多元纠纷解决机制和提供有中国特色的司法保障方案提出了要求。2017年最高人民法院又公布了《最高人民法院关于为自由贸易试验区建设提供司法保障的意见》,该意见第11条提出"建立合理的外国法查明机制",重申法官依照职权查明外国法,当事人依照约定提供外国法的基本原则,对外国法查明也设置了不同条件下可交叉的多种路径,这种分阶段、分情况将过程控制权交给不同案件参与人的方法使得诉讼程序目标更具有真实性和有效性。

自我检视，立法仍需细化，缺乏针对涉"一带一路"案件外国法查明的专项立法文件。以上立法除了《最高人民法院关于为自由贸易试验区建设提供司法保障的意见》对于外国法查明工作具有可操作性的指导意义以外，其他多数比较宏观，无法从根本上解决长期困扰司法实践的一些问题。更为重要的是，针对专业领域覆盖范围大、类型新、案情复杂和查明难度高等特点，涉"一带一路"案件外国法查明工作亟需设计出更加快捷和高效的查明程序，更加多元化和层次分明的查明路径以及更加有利于司法审判环境和营商环境优化的外国法查明思路，以上立法并未提供具体的、可操作性的方案。

二、涉"一带一路"案件外国法查明路径和程序有待完善

司法实践对外国法查明路径的拓展工作，有所突破。2015 年最高人民法院民四庭依托中国政法大学、西南政法大学、深圳市蓝海现代法律服务发展中心等机构成立了港澳台和外国法查明研究基地，以及东盟法律研究中心，搭建了联通审判实务与法学理论研究机构之间的桥梁，民四庭还依托社科院法学所、清华大学法学院等 9 家科研院校设立了"一带一路"、自贸区以及海洋司法保护理论的研究基地，这对于外国法查明工作中的信息共享以及外国法的准确解释与适用意义重大。2014年，为助力"外国法查明"机制改革，上海高院与华东政法大学签订《外国法查明专项合作纪要》，截至 2017 年 9 月，共计 10 余起案件通过该机制进行外国法查明，其中包括静安区人民法院委托查明并适用美国华盛顿州法律审结的储蓄存款合同纠纷案件，由浦东新区人民法院委托查明并适用瑞士法审结的"厦门建发诉艾伯特案"。海事司法建设方面，上海海事法院与清华大学法学院签署了《"一带一路"司法实践基地战略合作协议》，与上海对外经贸大学合作成立"21 世纪海上丝绸之路研究中心"，与"上海海事大学"签订了《外国法查明合作协议》，

按照协议，对于涉"一带一路"外国法查明案件，上海海事大学将根据上海海事法院出具的书面委托函，向其派出专家或组成专家组进行外国法的查明、翻译、解释等工作，并出具正式的专家意见书，在 2022 年 2 月最高人民法院公布的第三批涉"一带一路"建设典型案例中，案例 6 新鑫海航运有限公司与深圳市鑫联升国际物流有限公司、大连凯斯克有限公司海上货物运输合同纠纷案①的典型性意义在于"准确查明和适用外国法维护当事人合法权益"，受案法院大连海事法院通过委托法律查明服务机构查明新加坡法律并准确予以适用，判定双方当事人责任，实现了准确查明、适用外国法定分止争的良好效果，是加快构建并完善域外法查明及适用的法律机制方面最新的有益经验和典型做法。

　　通过专家意见查明外国法，是涉外民商事审判中最为常见的和有效的外国法查明手段，当前专家意见制度亟需规范和细化。例如，上海高院涉"一带一路"典型案例"阿斯旺水泥与天安财险案"中大连海事大学司玉琢教授出具的关于适用法律的意见书，由原告在举证环节作为第 18 项证据提出，被告亦在举证环节将英国律师关于成文法和相关判例的资料作为第 6 项证据②。此处专家出具的意见属于"证言"还是"鉴定结论"，司教授在业界德高望重，意见具有很强的权威性，可是其他案件中专家的资质是否具备如何判断，专家意见对于法庭的约束力如何，专家的错误意见导致法院裁判错误的，是否承担法律责任，承担什么样的法律责任等，上述问题不明确即无法完成规则对接。最高人民法院指导性案例 107 号"蒂森克虏伯与中化国际案"中德国克虏伯公司在二审期间向法院提交了《美国统一商法典》和相关案例③，可见，不管是专家意见还是当事人提供外国法在现有审判中普遍被置放于举证和质证阶段，但这是否等同于将外国法认定为一般性事实证据，查明过程能否独立于庭审程序单独举行？另外，107 号案件中，中化新加坡公司未对德国克虏伯公司提交的美国法律提出异议，但对德国公司作出法律

　　① 参见中华人民共和国大连海事法院民事判决书（2018）辽 72 民初 758 号。

　　② 参见中华人民共和国上海海事法院民事判决书（2014）沪海法商初字第 1330 号。

　　③ 参见中华人民共和国最高人民法院民事判决书（2013）民四终字第 35 号。

说明的委托代理人的资格提出了异议，而《涉外民事关系法律适用法》解释（一）虽规定了法院具有听取当事人对外国法内容和适用问题意见之义务和对当事人异议的审查之权利，但是缺乏具体标准和程序。

查明路径还需整合和进一步拓展。目前《关于贯彻执行〈中华人民共和国民法通则〉若干问题的意见》第一百九十三条规定了五种传统的查明路径，《第二次全国涉外商事海事审判工作会议纪要》第 51 条在第一百九十三条基础上规定了更多样化和更具创新性一些查明手段，但是前者已经因为《民法通则》的废止失去了法律效力，后者仅仅是涉外商事海事审判工作的经验总结，是与会人员达成的理论和司法实践共识，和具有法律效力的司法解释或者法律有本质上的区别。况且，目前司法实践已知的所有外国法查明方式在涉"一带一路"案件的司法审判工作中仍存在一些问题：使领馆提供域外法的实践并不多，如果采用，需要相关人员对外国法解释规则、理论学说和司法实践进行综合考察，需要宏观了解国情，微观了解案情，这样的要求对于外交机构显然过于严苛，查明效果不会理想，如何与"一带一路"相关国家就此达成新的共识，此为问题一；就司法协助的查明方式而言，截至 2015 年 3 月，中国已与 64 个国家缔结了 122 项司法协助条约，其中民商事司法协助 19 项，生效的 17 项，在早期的协定中曾经包含外国法查明的内容，例如 1987 年，中法签署的《关于民事、商事司法协助的协定》，但是之后的大部分条约仅仅提到缔约双方的法律和司法实践资料交换，这些资料显然与法律意义上可认证的外国法相去甚远，据"一带一路"官网统计，截至 2017 年 12 月我国已与 50 多个国家签订了司法协助协定，数量虽然可观，但其中司法协助条约中外国法查明条款的式微，此为问题二；从文中诸多"一带一路"建设案例的审判实践看，创新性查明手段主要是法院委托高校专家提供法律意见书以及通过与第三方合作的查明平台进行查明，这种查明手段和上述宏观立法中的查明路径如何完成整合和协调，此为问题三；对外国法查明中心和平台的建设，各级和各地法院进度良莠不齐，如何完成标准化体系构建，此为问题四；目前各中心和平台多是一般性外国法查明功能，如何设计涉"一带一路" 案件常用外国法的专门性查明路径, 并有针对性的构建行之有效的多元化和系统化的外国法查明体系, 此为问题五。

第四节 涉 "一带一路" 案件的法律适用在司法审判中存在的困难和不足

一、涉 "一带一路" 案件法律适用的法院地法倾向严重

根据美国学者的研究: 近代冲突法的法律适用一直呈现法院地法比例持续上升的态势, 这在外国被称为法律适用的 "回家去" 倾向, 因此我国学者结合我国的法律适用状况也提出了对 "回家去" 或者 "归乡情节" 现象的担忧[①]。实际上, 我国法律适用状况的发展轨迹和英美发达国家并不同, 从改革开放, 涉外民商事案件逐渐增多以来, 法院对相关案件的法律适用选择外国法的就很少, 我们从未 "走出去", 也就谈不上 "回家去", 所以准确的说法是中国司法在审理涉外民商事案件时, 缺乏平等对待内外国法的理念和格局, 这正是《"一带一路" 建设提供司法服务和保障的若干意见》"平等" 价值理念的追求。

涉外案件法律适用的法院地法倾向严重是个普遍性问题。截至 2009 年 9 月, 对中国涉外商事海事审判网公布的 717 份裁判文书进行分析发现, 只有约 4% 经过查明并适用了国际条约、国际惯例或者外国法, 其余均适用法院地法, 历年平均数据高达 90% 以上[②]。据 2011～2016 年 5 年间的统计, 我国涉外案件中援引《法律适用法》进行外国

---

① Ralph U·Whitten, U·S Conflict – of – Laws Doctrine and Forum Shopping, International and Domestic, 37 Tex. Int´l L·J. 564 – 565 (2002).

② 参见郭文利:《我国涉外民商事审判存在问题实证分析——以 757 份裁判文书为依据》, 载于《时代法学》2010 年第 5 期, 第 23 页。

法查明的案件只有 42 件，因无法查明而适用中国法的高达 38 件多①。结合中国裁判文书网和北大法宝数据库公布的资料，笔者对 2010 ~ 2018 年我国法院审结的涉外民商事案件进行抽样调查发现，中国法适用的比例依然接近 90%。

适用法院地法倾向严重的问题在涉"一带一路"案件中有所改善，但并未得到根本解决。在中国裁判文书网以"《法律适用法》第十条"为关键词进行检索，仅可搜索到 108 件案件，比对涉"一带一路"沿线国家进行结果查找，发现 95% 以上的案件是依照中国法判决审结的，为数不多的适用外国法、国际公约、国际惯例或者港澳台地区法律的案件不少都被收录进了高级人民法院或者地方法院发布的典型案例或者指导性案例之中。究其缘由：首先，宏观立法中长期困扰司法实践的陈疾和专项立法中缺乏具体指引是导致法官怠于行使查明和适用外国法责任的制度性原因；其次，涉"一带一路"沿线国家法制建设水平差异悬殊，除了北线的发达国家和东盟 12 国中的新加坡和马来西亚等少数东南亚国家的法律制度相对稳定以外，不少国家的法律法规杂乱无章、透明度差，执法和司法的任意性强，甚至存在不同程度的司法腐败，严重影响了外国法查明的成本控制和效率提升，查明难度高造成的法官畏难情绪是相关案件中法院地法倾向严重的特色性原因；最后，国际私法的"民族性"和"主权优位"等特点注定冲突规范在制定之初对于选法的态度就存在一定的倾向性，各国法院也会利用反致、法律规避、识别、公共秩序保留等制度排除对法院地不利的本应适用的外国准据法，此为法院地法倾向的正当性证明也是政策性原因，涉"一带一路"案件中如果要实现内外法的平等必须从冲突规范的源头进行革新。

二、涉"一带一路"案件的法律适用在司法审判中仍存在短板

基于上述最高人民法院和地方法院的典型案例和指导性案例，分析

---

① 陈力、王乃雯：《当事人查明外国法不能的困境与救济》，载于《中国国际私法学会 2016 年年会论文集（上册）》2016 年 11 月，第 78 ~ 79 页。

涉"一带一路"相关案件的法律适用实践，发现主要存在三大类问题：

（一）裁判文书多数不注重法律适用分析

英美法系持有的"任意性冲突法"主张和大陆法系持有的"强制性冲突法"主张在我国司法实践中各有拥趸。例如，最高人民法院审理"富春航业股份有限公司等与鞍钢集团国际经济贸易公司海上运输无单放货纠纷再审案"① 时，法院适用中国法的裁判理由为"双方当事人对在一审和二审审理中，法院适用《海商法》无异议"，审理过程实际上并未适用冲突规范确定法律适用。在地方法院涉"一带一路"典型和指导性案例中，同样存在类似问题，例如，天津法院公布的 15 个案例中，"青岛佐德国际贸易有限公司诉天津为尔客石油化工有限公司港口仓储货物损害责任纠纷案"②，也没有说明案件的涉外性和法律适用问题，直接适用中国《海商法》进行审理。上海法院公布的 8 个典型案例中，只有 6 个案例对涉外关系的认定、案件的识别和定性、冲突规范的适用和准据法的确定等进行了不同程度的说理，2 个案例对于法律适用问题谈及甚少。上海法院涉外十大案例中，"科朗公司诉上海和丰中林林业股份有限公司股东知情权纠纷案"③ 二审法院只是提及"原审法院认为：根据最密切联系原则，本案应适用我国法律。"却未对涉外关系和法律适用问题进行审查或者详细说明，尤其是未阐述法院地与案件的密切联系性问题，该案件也反映了典型案例中普遍存在的二审裁判对一审法律适用问题的审查的忽视。

（二）曲解冲突规则，错误适用准据法

最高人民法院公布的第一批涉"一带一路"典型案例中，"蒂森克虏伯与中化国际案"，二审法院纠正了一审法院只依照《联合国国际货物销售合同公约》审理的法律适用错误，认为对案件涉及的公约无规定

---

① 参见中华人民共和国最高人民法院（2000）交提字第 6 号。
② 参见天津海事法院民事判决书（2014）津海法商初字第 499 号。
③ 参见上海市第二中级人民法院民事判决书（2013）沪二中民四（商）终字第 S1264 号。

的内容应该适用双方约定的美国法①。"太湖锅炉与卡拉卡托案"中，二审法院肯定了一审法院对"见索即付保函欺诈纠纷"适用侵权行为地中国法的结论，但是将一审法院对"代理法律关系"适用登记地法印度法的结论修正为适用代理行为地法，即中国法②。前例是一审法院将本应适用外国法审理的案件依据国际公约错误审理，后例是一审法院将本应适用中国法的案件依据外国法审理。从更多的案例分析发现，法院基于回避适用或错误的理解冲突规范以及滥用公共秩序保留等原则导致本应适用外国法的案件直接适用了中国法的情况更多。

（三）对当事人选择适用外国法理解的狭隘和偏差

在前文统计的涉"一带一路"的 67 个典型和指导性案例中，当事人约定准据法的比例达到了 16.4%，占所有适用外国法案件的 50%。如何处理当事人约定的外国法和国际条约或者惯例之间的适用关系，比如上文的"蒂森克虏伯与中化国际案"关于约定美国法和公约的适用安排的处理，司法实践中看法并不一致，没有定论。也存在任意变更当事人选择或置当事人意思于不顾的情况，法院以一方缺席为由，随意变更当事人双方一致达成的法律适用的明示选择，依据《民商事案件法律适用规定》第 3 条："当事人选择或者变更选择合同争议应适用的法律，应当以明示的方式进行"。故而，上述情况都应该谨慎研判。

在涉"一带一路"案件中，待查明法律更具复杂性和专业性，法官查明的风险更高，畏难情绪更甚，如果不能纠正上述立法和司法实践中存在的不足，对于提升我国外国法查明制度的有效性以及我国司法的公信力，对于"走出去战略"和"一带一路"建设无疑都是不利的。

---

① 参见最高人民法院民事判决书（2013）民四终字第 35 号。
② 参见江苏省高级人民法院民事判决书（2013）苏商外终字第 0006 号。

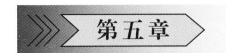

"一带一路"背景下完善我国外国法查明机制的宏观思路和具体构想

　　"一带一路"宏大愿景行稳致远，法律保障必须先行。在完成这项长期、艰巨而复杂的的系统工程的过程中，外国法查明制度的健全应该作为工作重心，对该项规则的设计和完善要把握两点：

　　第一，在制度设计中注意吸取国外先进立法经验，遵守国际私法基本原则，用一视同仁的规则来明是非、促和平、谋发展。正如习近平总书记在纪念和平共处五项原则发表 60 周年纪念大会上的发言，"法者，天下之准绳"。① 在进行涉外交往中，法律是共同的准绳，适用法律不能有双重标准，不能一案一法，不能具有主观倾向，外国法查明制度虽然是国内立法，但是却涉及外国自然人、法人以及其他组织，我们只有充分利用规则指引并且坚持统一法律适用，畅通外国法查明渠道，才能积极打造公正司法的国际窗口，这对于企业走出去和引进来战略、自贸

---

　　① 《弘扬和平共处五项原则　建设合作共赢美好世界——在和平共处五项原则发表 60 周年纪念大会上的讲话》，中国共产党网，2014 年 6 月 28 日，https：//news. 12371. cn/2014/06/28/ARTI1403964781935581. shtml？from = singlemessage。

区以及海洋强国的建设都是动力①。

第二，设置外国法查明制度的多元评价体系。作为一项程序性规则，外国法查明制度既要关注内在价值，也要关注外在价值，既要关注结果目标，也要关注过程目标。外在价值或者结果目标就是考察该制度能否通过有效查明外国法从而维护当事人正当的期望和权益，在法院和当事人的职责分配上、在双方当事人的司法诉求上、在内外国法适用的规则安排上能否实现正义和公平。外国法查明制度的独特之处还在于除了正义目标也非常关注效率目标，能否在维护当事人正当期望和诉讼资源的合理分配之间找到最佳平衡非常重要，毕竟在"一带一路"的外国法查明过程中成本更大，耗费诉讼时间和司法资源都更多，查明效果不乐观的可能性也更大，所以在保证正义的同时，尽量提升查明效率是制度设计的核心。另外，制度设计中也要关注内在价值，即过程目标，内在价值说到底就是制度的优劣，该目标是可以用结果目标以外的价值体系单独评价的，所以要关注细节设计和制度衔接环节，包括：如何使外国法查明的程序设置严密紧凑、具有可操作性，如何确保查明手段切实可行并环环相扣，如何实现外国法查明的效果，以及实现立法和司法之间顺畅、良好的衔接等。

基于以上思路，提出关于完善外国法查明制度的几点具体构想。

第一节　后《民法典》时代外国法
查明制度的优化

在《民法典》出台之前，学者对于将国际私法问题作为民法典的"涉外民事关系法律适用"的单独一编进行安排还是日后进行专门的国际私法法典编纂进行了激烈的探讨，赞成派从立法发展的历史趋势、涉

---

① 刘敬东：《"一带一路"建设的法治化与人民法院的职责》，见最高人民法院"一带一路"司法研究中心：《"一带一路"司法理论与实务纵览论文精选》（2015－2016年度），法律出版社2016年版，第27页。

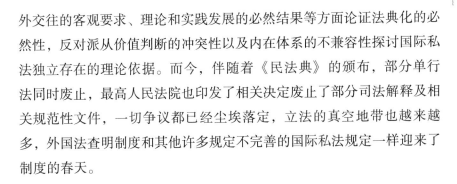

外交往的客观要求、理论和实践发展的必然结果等方面论证法典化的必然性，反对派从价值判断的冲突性以及内在体系的不兼容性探讨国际私法独立存在的理论依据。而今，伴随着《民法典》的颁布，部分单行法同时废止，最高人民法院也印发了相关决定废止了部分司法解释及相关规范性文件，一切争议都已经尘埃落定，立法的真空地带也越来越多，外国法查明制度和其他许多规定不完善的国际私法规定一样迎来了制度的春天。

一、从三种立法体例考量我国外国法查明制度的立法未来

考察各国的立法和司法实践可以得出结论：国际私法更多的是关于法律选择的法理学思考以及对法律选择方法的价值探究，实则对于更偏重诉讼程序和技术的外国法查明制度反倒重视度较低，所以各国对于外国法查明制度的立法多数都比较简单，有的甚至可能没有提到，比如，日本的《法律适用通则法》，有的也只有区区几个条文，比如我国的《涉外民事关系法律适用法》和韩国的《国际私法法》等，不少国家直接将外国法查明制度按照诉讼程序问题交由法官处理。总结起来，对于外国法查明的立法基本上有三种处理方式：

第一种，将外国法查明置于民法典的国际私法编论或者涉外民事法律关系适用编，例如中国的《民法典（草案）》和《俄罗斯联邦民法典》[①]；第二种，将外国法查明置于专门的国际私法典中，多数有国际私法典的国家采用这种方式，比如韩国的《国际私法法》、意大利的《国际私法改革法》、瑞士的《瑞士联邦国际私法法规》以及《英格兰冲突法》；第三种，将外国法的查明置于民事诉讼法中，比如，德国的《德国民事诉讼法》第 293 条，除了该条以外，德国的学说和司法判例对于外国法查明的方式也有权威说明。

---

① 邹龙妹：《俄罗斯涉外民商事审判中的外国法查明问题—兼论〈俄罗斯联邦民法典〉第 1191 条之规定》，载于《求是学刊》2008 年 5 月第 35 卷第 3 期，第 95 页。

综上，笔者认为，将外国法查明置于国际私法典或者民法典的某一编实则属于一种思路，区别在于该国是否有单独的国际私法法典，而将外国法查明制度置于诉讼程序法则属于截然不同的另一种思路，从外国法查明的理论出处看，前者有可取之处，从外国法查明的具体适用看，后者也有理有据，所以本身可以说无对错之分，但是从我国的习惯看，该制度曾经出现在《民法草案》和《中国国际私法示范法》等文件中，却极少有人探讨其在诉讼法中存在的可能性，将外国法查明制度置于诉讼程序法既不符合中国国情，也难寻先例，外国法查明都是在国际私法中作为冲突规范适用的一般性问题，与识别、反致、法律规避和公共秩序保留等制度并列设计，故而，只有制定国际私法法典对外国法查明制度进行系统安排才是未来该制度的最终归宿①。

二、以《涉外民事关系法律适用法》为核心对外国法查明制度进行修订

虽然之前外国法查明制度相对混乱和模糊，但实际上不论是查明责任划分、查明方式，还是查明不能的界定等基本理论问题都能找到明确的出处，但是伴随着单行法和系列解释的废止，《涉外民事关系法律适用法》及其解释成为外国法查明方面仅存的规定，该法立法已经有十年之久，并且只有第十条规定了外国法查明的职责安排和不能查明的处理，对于司法审判中非常重要的查明方式却完全没有提及。在整个的涉外民商事环境发生翻天覆地变化，涉外民商事审判需求激增的今天，这样的立法未免有些单薄和滞后了。恰逢"一带一路"建设进入工笔画描绘的关键时期，以及全面推进依法治国的新阶段，立法对经济社会发展的规范、引领和保障作用逐步加强，《涉外民事法律关系适用法》的自我检视和修正已经不可避免，并且正当其时。

---

① 徐鹏：《外国法查明：规则借鉴中的思考——以德国外国法查明制度为参照》，载于《比较法研究》2007 年第 2 期，第 65 页。

笔者认为，在耗时耗力完成《民法典》编纂的短期内，国际私法典立法工作并不会很快提上议程，针对现行外国法查明立法单一滞后的现状，笔者提出近期立法规划和远景立法规划。近期立法规划以《涉外民事关系法律适用法》为核心进行丰富和完善，包括查明职责的统一、查明方法的增设、外国法认证规则的清晰和不能查明救济的调整等，充分体现查明责任的明确性、查明方法的丰富性、查明程序的完备性和法律适用的科学和公平性。再就是确立远景立法规划，也就是制定中国的《国际私法法典》，以体系化回应法律科学对于国际私法的基本要求，以体系化容纳国际私法更开放和包容的价值判断。

（一）外国法查明的立法指导原则

法律出自理性。外国法查明是立法以中国特色社会主义法律理论和国际私法基本理论为指导的理性的立法活动，只有坚持正确的指导思想所立之法才能与经济社会的发展规律相一致、与公民利益期待和价值追求相符合。外国法查明立法须不断研究新情况、分析新问题、总结新经验，再上新台阶，取得新成就。统一思想、凝聚共识的过程中必须同时遵循如下原则：

1. 主权原则

主权原则是国际私法基本原则的核心和灵魂，是一个国家的根本属性。在涉外民商事交往中，主权原则的要求和体现是多方面的，包括要求其他国家的外国人遵守内国法律、法规，意味着本国可以自主行使涉外民商事案件的管辖权，可以独立自主地制定本国的国际私法规范。因为国家主权原则要求相互尊重对方的国家主权，所以在进行外国法查明立法的过程中必须从立法精神和程序都寻求一种"两全""兼顾"的处理方法，承认和尊重外国当事人对于法律选择和适用的合理合法之要求，尽量尊重他国对于外国法查明程序上的一些基本限制和互惠措施。

2. 平位协调原则

国际私法的产生是以解决大量涉外民商事法律冲突为根本任务的，从最初主权国家完全不承认外国法到不得不考虑改变对待外国法和依照外国法产生的权利的态度，多数国家仍然采用的是国家主权本位或者主权优位的局限性的思想。外国法查明制度中无论是外国法的性质问题、外国法无法查明的认定标准抑或是外国法无法查明的处理方案，处处体现了内国对于外国法的观点和态度。也许追求纯粹的内外国法律平等仅仅只能是理论上的美好构想，但是以追求平位协调为目标将国际私法和具体制度都建立在一种更加平等、互利和尊重的基础上却是可行的，同时必将有更强的适用性和生命力。在平位协调的原则下，外国法查明制度的利益分析和选择将更加尊重相关主权者及其公民的意志，更加尊重冲突规范的机构构造，更加尊重当事人的"意思自治"的机会，更加愿意赋予制度统一性、开放性和弹性。

3. 人本原则

外国法查明制度是以案件的顺利、公平审理为目标的，所以应该建立在人本主义的基础上，以案件的走向和当事人的司法体验为出发点和目标，从法治的内涵以及良法善治的标准进行立法和立法修正，要从人的存在、人的利益、人的愿望与需求作为制度体系的起点、原因与归宿。要防止物本主义，即物的利益完全占据上风，防止过多考虑经济利益和效率因素放弃对于当事人查明法需求和对公正法律适用的愿望的关照；要防止国本主义，即以国家、民族的利益为名侵犯、压制个体利益①。

4. 效率与公正兼顾原则

虽然人本主义要求考虑当事人对于诉讼公正的要求以及诉讼体验，但是并不是说可以完全忽略诉讼效率原则，在外国法查明制度的调整中必须同时考虑司法资源的投入是否能够获取足够支撑成本的诉讼收益，是否实现了司法资源的最优配置，在尽可能保证成功查明外国法的同时也适度控制好诉讼费用和司法成本。理论上讲，如果完全不顾金钱、人力和时间成本几乎所有案件的外国法都能得到最充分的查明，但是整体

---

① Robert Gilpin：The Political Economy of International Relations，Princeton University Press，1987，pp. 13 – 17.

资源一定的司法系统存在着此消彼长的关系，如果一个环节、一个案件、一个当事人获利更多，其他环节、其他案件、其他当事人就要受到损害，个案公正实现了，个案效率却折损了；个案效率提升了，整体效率可能反而受损，所以在制度设定中既要考虑效率，也要考虑公正，既要考虑个案公正，也要考虑整体公正，既要考虑个案的效率，也要考虑司法体系的整体效率，在优先公正的基础上，兼顾效率原则。

5. 法律协调与合作原则

外国法查明不是单纯对于法律条文的了解，要充分考虑查明法律所属国家的国情和基本制度，兼顾国际普遍的法律实践和习惯做法，这就必须加强与相关国家的法律交流和合作。虽然国际私法是国内法，但是他的眼界和思路必须是国际的，正如"一带一路"所提倡的人类命运共同体的概念，涉外案件中连接点已经将所涉及的外国国家连接成了一个法律利益共同体，必须积极加强国际合作，通过加入、签署国际公约、条约的方式增加外国法查明的准确性和便捷性。

（二）外国法查明的立法定位

要完成外国法查明的立法设计，还要明确三个联动的立法定位：

第一，国际私法冲突规范的性质是强制性的。只要案件管辖权确立，法官就要对案件涉及的争议进行识别并适用内国冲突规范确定准据法，如果准据法是外国法，法官无须当事人请求即应该予以查明，这是对当前涉外司法审判中的冲突规范任意适用现象的制约，而当事人对准据法的自由选择可以通过法定领域的意思自治来调适。

第二，外国法查明中外国法的性质是特殊的法律。虽然对于外国法的定性常常被程序性处理方式以及无相关立法传统等观点所掩蔽，但是缺乏定性在很多问题的关联解释中难免捉襟见肘，如果我国采取强制性冲突规范的立法，那么就意味着和英美法系一些国家的任意性冲突规范理论是背离的，英美普通法传统上将外国法作为事实，当事人要像对其他诉求依据一样，提出适用的请求，这种"事实说"和"任意性冲突规范"理论是存在内在因果关系和协调性的，既然我们并没有采用任意性冲突规范理论，那么就应该坚持外国法的法律属性，同时为避免忽视其中的"事实特征"，建议理论届采用"特殊的法律"的说法。

第三，建立依职权查明为主的外国法查明模式。明确冲突规范的强制性，除了法定领域的意思自治以外，法官必须严格执行冲突规范确定准据法，准据法涉及外国法的，法官无须当事人请求即应予以查明。如果强调冲突规范的强制性，再将冲突规范能否实现的控制权委任给当事人，显然是对冲突规范强制性的自我否定，必将造成冲突规范程序的"死机"，所以应继续坚持外国法查明上的"法官职权主义"，明晰《法律适用法》第十条中的人民法院、仲裁机构或者行政机关的查明分工和职责，建立以职权查明为主，当事人查明为辅的查明机制。

（三）坚持以"直接适用内国法"之原则救济查明不能

从各国立法和司法实务来看，不论是大陆法系国家的"直接适用内国法"，还是英美法系国家的"类推适用内国法"，其最终结果都是内国法代替本应适用的准据法作为裁判依据①。对此，国内不少学者提出我国应在《涉外民事关系法律适用法》第十条的基础上，丰富外国法查明不能的救济措施，包括："适用与本应适用的外国法相似的法律""适用与当事人有最密切联系国家的法律"等做法，笔者认为其中不乏真知灼见，但是目前时机并不成熟。一方面，外国法查明案件中所呈现的"返乡情节"是由于查明制度本身的设计缺陷和部分法官的执行不利造成的，并非是"直接适用内国法"的必然结果；另一方面，目前的中国国情下，"直接适用内国法"的做法仍然具有不可替代性，外国法查明制度的设计需要公正目标和效率目标相互制约而获得最佳平衡，无论是查找"相似的法"，还是"与当事人有最密切联系的法"都需要耗费比查找原外国法更高的成本，不符合诉讼经济的要求，同时会导致法官自由裁量权过大，裁判结果不一致，严重损害司法公正性和权威

---

① 张建：《外国法查明问题的各国实践与典型案例——基于若干样本的考察》，载于《海峡法学》2016年9月第3期（总第69期），第91~94页。

性。在有效的外国法查明体系建立和法官相关素养完备之前，直接适用内国法仍是最优选择。在涉"一带一路"案件中，中国法与所受案件一般都有千丝万缕的联系，以中国法作为审判依据通常符合国际私法确定准据法的核心准则，即最密切联系原则，况且相比沿线国家，中国法律体系的成熟度和先进性也堪当重任，无论是从效率角度，还是从公正角度维持原有做法都是明智的。

（四）明确几个模糊的立法规定

首先，关于《涉外民事关系法律适用法》第十条"当事人选择适用外国法律的"有几个问题需要明确，"选择"仅指当事人合意选择适用域外法，如果双方当事人选择不同并无法达成一致，或者一方选择适用域外法而另一方缺席审判时，都不视为"选择"，《〈涉外民事关系法律适用法〉若干问题的解释（一）》第八条第二款：当事人双方援引相同国家法律且未提出异议的，只有明示将其作为全案或者主要问题的准据法的前提下，才视为"选择"，如果引用外国法只是判断行为正当性的标准，即免责事由，则不能视为"选择"。① 其次，将废止的《关于贯彻执行〈中华人民共和国民法通则〉若干问题的意见》第一百九十三条和《第二次全国涉外商事海事审判工作会议纪要》第51条进行整合纳入《涉外民事关系法律适用法》，外国法查明方式是外国法查明制度的重要环节，关系着整个冲突规范制度的落实以及涉外司法审判的质效，应该以更加明确的方式予以明确，可以将包括由与我国订立司法协助协定的缔约对方的中央机关提供、由我国驻该国使领馆提供、由该国驻我国使馆提供以及通过法律专家、法律服务机构、行业自律性组织、国际组织、互联网等途径查明进行列举说明，同时加上"等其他方式"的兜底条款，挂一漏万，保证外国法查明制度的开放性和包容性。最后，《〈涉外民事关系法律适用法〉若干问题的解释（一）》第十七条第

---

① 参见最高人民法院民四庭副庭长王淑梅："在全国海事审判实务座谈会上的总结讲话。"2017年6月16日。

一款，无法查明标准之"合理途径"应解释为"法官勤勉地使用了同类案例中通常的查明路径"，第二款，当事人在法院"指定和合理期限"内不能提供或怠于提供外国法的，可视为查明不能，"合理期限"结合民事诉讼法的举证期限建议一审普通程序设定为 30 天。

第二节　建立"一带一路"背景下外国法查明的专项制度保障

只有将外国法定性为"特殊的法律"才能更好地完成与冲突规范强制性的勾连，强化冲突法理论基础的同时又符合诉讼程序的基本构造：即当事人的程序处分权体现为举证"确定裁判基础事实"的资料，法官负责"具体事实情况是否满足法条抽象事实构成的"法律发现，但过于纯粹教条的"法官职权主义"查明又缺乏对涉"一带一路"案件特殊保障需求的设计和对程序运行所需的多重价值目标的回应。建议采取形式更加人性化、更加积极的外国法查明模式。

一、加强司法服务意识，建立更加积极的外国法查明模式

鉴于涉"一带一路"案件的处理关乎国家重大经济和政治战略，所以对于相关案件的查明除考虑司法成本和效率以外，还应该融入法律服务的意识，具体包括：

（一）强化涉"一带一路"案件中法官知法的主动查明

坚持以下几个原则：第一，按照冲突规范指引应该适用外国法作为准据法的，由法院或者仲裁机构依照职权查明。第二，当事人约定选择法律的，原则上应由当事人自主提供外国法，但法院或者仲裁机构了解相关法律的，也可以主动提供相关内容或协助查明，2017 年，《最高人民法院关于为自由贸易试验区建设提供司法保障的意见》第 11 条：当

事人约定适用外国法律，"人民法院了解查明途径的，可以告知当事人"，变通的做法也应广泛推广到涉"一带一路"案件的审理中，实践中并不苛求法官知晓一切复杂的外国法，但并不代表法官应该消极的不作为，尤其在关乎国家重大经济和政治战略的"一带一路"案件审理中，更应融入法律服务意识，扩大"知法"范围。当然，笔者并不赞成法官不知法的情况下盲目利用法律资源过度查明，因为这会干扰规则预设的功能划分，也会造成个案的资源分配不公。第三，双方一致选择域外法却拒不提供域外法或者不能提供域外法，法官可以依照职权重新适用冲突规范确定准据法，如果根据指引应该适用外国法作为准据法，应依照职权继续履行查明责任。

（二）鼓励涉"一带一路"案件当事人约定准据法

《涉外民事关系法律适用法》第三条规定："当事人依照法律规定可以明示选择涉外民事关系适用的法律。"该条构成了我国国际私法外国法查明制度中当事人提供法律的重要依据和前提。目前《涉外民事关系法律适用法》在代理、信托、仲裁协议、夫妻财产关系、协议离婚、动产物权、运输中的动产物权、合同、侵权、产品责任、不当得利、无因管理和知识产权等领域对意思自治都做了具体规定，笔者建议在涉"一带一路"案件常见的领域，比如，股东出资纠纷、航空货物运输合同纠纷、信用证转让纠纷、海域污染损害赔偿纠纷和海难救助合同纠纷等相关规定中也增加意思自治原则，鼓励当事人对法律适用以及法律查明的参与度，从而更好地展现我国立法和司法对当事人对自由处分私权利的宽容，也给予外国法适用于"一带一路"案件更多的空间。

（三）涉"一带一路"案件中，外国法查明不能的认定标准应尽量穷尽所有路径

对于一般涉外民商事案件，考虑到查明成本和效率，建议将《〈涉外民事关系法律适用法〉若干问题的解释（一）》第十七条第一款，无

法查明标准之"合理途径"解释为"法官勤勉地使用了同类案例中通常的查明路径",但对于涉"一带一路"案件,应该穷尽法律规定或者司法实践惯用的、对具体案件可行的所有路径,以期相关国家当事人得到更好的司法体验。

二、扩大涉"一带一路"案件外国法查明制度中"外国法"的法源

考虑到诉讼成本和可操作性,对于一般涉外案件中待查明的"外国法"暂时不宜做过于宽泛的理解,但鉴于涉"一带一路"案件沿线国家法律环境的复杂性和适用法律的特点,建议对所涉"外国法"做广义理解。

域外法的法源应是广泛而多样的。"外国法"最主要的组成部分是待查明域外法,包括成文法及其司法解释、判例、甚至学说和习惯,例如,查明日本民法时,法源既包括民法典和特别民法等成文法,也包括习惯民法和判例民法等非成文法;不宜草率对《涉外民事关系法律适用法》第十条第二款"该国法律没有规定"做扩大解释,应从法律原则或者学说中寻求依据。类似最高法公布的涉"一带一路"建设典型案例第二批"栖霞市绿源果蔬有限公司与中国银行股份有限公司北京市分行信用证转让纠纷一案"中,中介行与受益人之间没有合同关系,我国立法和国际惯例对"中介行错误通知的责任范围"均无明确规定,法官依据侵权损害赔偿原则填补法律漏洞,确定中介行的义务以及需承担的损害赔偿责任[①]。在涉"一带一路"沿线国家中这种立法缺失的情况更为常见,这就需要法官在查明过程中更具积极性和创造性。

涉"一带一路"案件外国法查明机制的建立应包括国际公约和惯例的查明。在书中调研的 67 个各级涉"一带一路"典型案例中,适用

---

① 参见中华人民共和国最高人民法院民事裁定书(2013)民申字第 1296 号。

国际公约或者惯例的案件比例达到 28.3%，而适用外国法的仅占到 14.9%，实际上法官对于部分国际公约或者惯例有如同外国法一般的陌生和困惑，立法和司法也需要对以上法律的查明有一个安排，建议：对于国际公约而言，如果受案法院所在国家是公约的缔约国，不管是通过国内立法机关经国内立法程序转化为国内法的方式，还是通过国内立法将条约的规定直接纳入国内法的方式，国际公约都等同于国内法，在 "法官知法" 的范畴，不涉及外国法查明。如若受案法院所在国并非公约缔约国，分为两种情况，第一，当事人约定适用公约；第二，虽然当事人未约定适用公约，但是 "如果国际私法规则导致适用某一缔约国的法律"，从而导致公约对案件的适用①，以上两种情况下，公约类似于外国法，对其适用应按照查明外国法的方法和程序进行②。而对于根据冲突规范的援引作为准据法的国际惯例来说，基本等同外国法，可以直接按照查明外国法的方法和程序进行。

涉 "一带一路" 案件的外国法查明要注意结合外国法政策和政府宏观政策。按照《"一带一路" 建设提供司法服务和保障的若干意见》的要求，外国法查明工作是 "一带一路" 建设、自贸区和海洋强国战略实践的服务保障，应注意新情况、研究新问题，具备国际视野和宏观思路。对外国法内容的查明、解释和正确适用是一个系统化的深入过程，只有了解该外国国家、政党及其他社会组织所制定和遵循的关于法的行动依据和准则以及该外国立法、司法和行政的出发点，才能真正理解外国法运行的过程和目的。建设 "一带一路" 提出以 "五通" 为目标，其中 "政策沟通" 居于首位，战略的对接，离不开密切的政策沟通，法律的对接，更是需要对外国政府政策的把握，所以，中国政府与有关国家政府签署的合作谅解备忘录、双边合作规划、合作计划、融资指导原则等一系列文件对于外国法的查明工作都具有重要指导意义，只有融会贯通才能更好地查明、解释和适用外国法。

---

① 《联合国国际货物销售合同公约》第一章第一条（b）。
② 肖永平：《国际私法原理》，法律出版社 2003 年版，第 102 页。

三、完善涉"一带一路"案件外国法查明的其他几项司法保障

（一）制定服务和保障"一带一路"建设的系列司法解释

涉"一带一路"案件的外国法查明中有两个难题：一个是无法查明外国法，另一个就是外国法没有相关规定，中国在作为涉"一带一路"外国法国家时，以及中国法院受理案件最后适用中国法时，也常常面临法无明文规定的情况，笔者建议最高人民法院结合典型案例和指导性案例中出现的问题，对外商投资、信用证转让等问题进行进一步解释，着手制定船员劳务纠纷问题、海洋资源与生态污染损害赔偿纠纷案件的司法解释，出台关于涉外民商事案件诉讼管辖问题的规定，助力"一带一路"建设。

（二）确保涉"一带一路"案件外国法查明程序的独立性以及裁判文书的规范性

涉"一带一路"案件的审理，是提升我国司法公信力和彰显我国法治建设水平的示范性窗口，从外国法查明视角，一方面，明确外国法查明程序并非普通的举证环节，根据查明难度和复杂性，既可以包含在庭审环节中，也可以单独举行，并应召集当事人到场，就查明责任分配和查明路径向当事人说明，并听取当事人意见，从而最大程度提高查明效率和体现当事人意思自治。另一方面，加强相关案件冲突规范的适用和法律文书的写作，坚持冲突规范的强制性，保证适用法律的准确性，进一步重申最高人民法院发布的《关于我国法院审理涉外商事案件适用法律情况的通报》要求，加强和规范各级法院相关案件的裁判文书的理论部分对法律适用问题和外国法查明问题的分析和论述，尤其是不能无视"查明不能"的界定和"适用本国法"的理由，并建议发布更多的规范性和有代表性的涉"一带一路"建设外国法查明问题的精品案例、典型案例或指导性案例供各级法院参考。

（三）加强对涉"一带一路"案件外国法查明工作的监督

可以建立专项机制，也可以将该工作融入整体司法监督工作中，监督机制主要针对外国法错误适用的情况：一类是适用冲突规范的错误，即本应适用一国法律却错误适用了另一国法律，包括不通过冲突规范而直接适用内国法的情况；另一类是虽然正确适用了冲突规范确定了准据法，但是在查明过程中，法官怠于行使职责，没有穷尽所有查明手段从而导致查明失败，或者法官虽然查明了外国法却对其解释发生错误、又或者法官对专家意见等具体的外国法内容的审查认定中具有明显的错误等情况。以上两类情况，都应该允许当事人上诉，因为无论是冲突规范还是外国法，本质上都是法律，法律的错误适用应该得到纠正。

（四）强化与涉"一带一路"国家司法协助协议中的外国法查明条款

据"一带一路"官网统计，目前我国仍与十几个国家没有完成司法对接，已签订的司法协助协议中外国法查明条款也不足以支撑相关案件的外国法查明工作。建议相关协议中外国法查明方式实现多元化：方式一，允许当事人委托代理人通过双方国家的司法部门或者使领馆认证后提供待查明法律、法规和司法实践资料的证明文件；方式二，涉"一带一路"国家间可以约定允许有关主体持受案法院的"外国法查明请求函"到被查明法律所在国的司法部门、行政部门直接开取法律证明文件；方式三，以互联网为载体，建立全国四级法院联网的外国法数据库，并和相关国家在商法领域建立法律资源互换和共享机制，将外国法查明纳入"指尖诉讼""掌上办案"和"微法院"等国际上探索的互联网司法新模式之中。

（五）在"一带一路"国际商事争端解决机制框架下完善外国法查明制度

2018年，《关于建立"一带一路"国际商事争端解决机制和机构的意见》审议通过，结合《意见》中提出的"建立'一带一路'相关国法律数据库和外国法查明中心""建立'一带一路'相关国法律人才库"等想法，加强对相关案件的信息化管理和大数据分析，注重培养和储备国家化法律人才，将外国法查明工作细节化、规范化，融入"一带一路"国际商事纠纷的调解、仲裁和诉讼的每个环节中去，使其成为"国际商事法庭"① 解决纠纷的推手和助力，成为高效服务"一带一路"建设的"一站式"争端解决中心的常态化工作机制。

第三节　构建"一带一路"背景下外国法查明的智慧体系

外国法查明的全面创新与改革的过程中，信息化建设不可或缺。自从 2015 年最高人民法院提出"智慧法院"的概念之后，智慧法院建设就在提高审判效率、加强审判监管、落实司法责任方面提供了大量的技术支持，发挥了重要的促进作用。今后，建议进一步扩大"智慧法院"的建设成果，继续为"一带一路"案件的外国法查明工作保驾护航。

一、建设国际一流法律智库，为"一带一路"提供优质法治保障

在"一带一路"建设推进的过程中，各国司法机构一直致力于通过建设国际一流法律智库从而提升"一站式"国际争端解决的智慧化运行水平，法律智库可以形成"一带一路"沿线国家更完整的法律制度的知识储备，为各国政府和中外企业提供法律咨询、形成方法预案、预防法律风险，同时法律智库也能够为外国法查明工作提供更多的便利。虽然，从 2019 年起，为响应中国国家主席习近平的号召，多种类

---

① 最高人民法院在广东省深圳市设立"第一国际商事法庭"，在陕西省西安市设立"第二国际商事法庭"，受理当事人之间的涉外商事纠纷案件。

型的国际智库合作形式已经开展推进工作，中外专家搭建了很多合作平台推动"一带一路"学术交流的机制化常态化，推动了相关理论的创新、思想的交流、成果的共享，但是仍然必须承认我国的"一带一路"智库建设仍然处于起步阶段，尤其是法律智库，无论从理论体系研究深度、资料储备容量、合作交流和服务管理水平等方面都仍然存在很大的进步空间，尚无法形成对于"一带一路"司法服务体系的有力支撑。

明确"一带一路"相关国家法律智库的目标定位。法律智库建设是国家法治建设的重要环节，必须始终坚持紧紧围绕"一带一路"建设的重大理论和实践问题，坚持从打造政治互信、经济融合、文化包容的利益共同体、命运共同体和责任共同体的立场出发，为全面提高我国司法服务水平、服务"一带一路"建设、推进国际法治合作提供智力支持，要聚焦"一带一路"民商事纠纷中的新问题，用翔实的数据基础和科学的检索方法，当好党委政府科学决策的"智囊团"。法律智库不应该仅仅是机器的机制，也应该是人的机制，2019 年，最高人民法院域外法查明平台上线之际，最高人民法院已经针对外国法查明难题聘请了来自 14 个国家和地区的 31 位国际商事领域的专家委员协助完成域外法查明工作，但是优质高效的法律查明服务不仅要依靠司法部门自身的努力，更要依靠社会各界的共建共享，建议法律智库做好招才引智工作，大力引进"一带一路"相关领域的专家、领军型人才和团队，推动不同领域、不同地域专业人才的协同创新，完成各国人才要素的灵活流动，促进人才的整体优化和有效聚合①。

以强大的大数据智库发挥对司法审判的引擎作用。大数据思维并不是简单地将海量法律资料和数据搜集罗列在一起，而是具有人工智能的辨别力和分类整理的能力，也就是通过数据逻辑和法律逻辑的契合从而为法院的司法审判以及政府部门和企业的法律咨询提供精准的外国法检索服务。法律专家将对涉"一带一路"相关国家的法律、按照法律规

---

① 孙航：《最高人民法院域外法查明统一平台今天正式上线启动》，中国法院网，2019 年 11 月 29 日，https://www.chinacourt.org/article/detail/2019/11/id/4697254.shtml。

范、国家和地区判例、司法观点、理论学说、政策文件等分类形式进行模块化处理，从而实现对上述法律信息的整理、分类、归纳和提炼，最终完成"一带一路"法律知识库的结构化建构过程。智库应能实现精准法律查明和智能法律服务。通过对信息的结构化设计和检索方法设计，尽量立足法律服务需求者所进行的法律活动的具体化场景，在尊重法律思维和法律方法的基础上，根据法律主体、客体、法律关系、主观和客观要件，以及法律规范的效力层次以及法律推理活动的关系，满足用户查明需求，解决具体诉讼问题。

法律智库对于涉"一带一路"外国法的咨询服务应该是主动的、立体的。在智库平台建议设置国别专员，直接对接司法部门、仲裁机构、行政单位以及案件当事人，在资料的获取、法律适用以及法律的解释等方面提供更人性化的服务，可以编制国别化的法律服务指引，为涉"一带一路"国家的法律投资环境提供科学、客观的指标和数据，开发专业在线咨询和线上查明服务功能，为当事人提供更加精准的法律指引。

法律智库的咨政建言与咨询服务职能应该被强化。建设成熟的法律智库应该是包括从数据搜索、数据存储到数据分析和服务决策的一体化的全流程的智慧管理体系，既可以提供"一带一路"相关国家政策法规和明确的法律适用意见，也能以具有战略研究性质的信息库、数据库和成果库形成政府立法、重大决策咨询的载体和渠道，甚至于实现对投资者在相关国家的经营活动的法律风险预警，通过对典型性案例和高发法律纠纷的分析，聚焦法律疑难问题和未来经贸投资中的国际竞争形势，对标区域性最高开放形态国家地区的法治建设水平，进行分析研判和评估预测，做出具有探索性、战略性、前瞻性、全局性的法律方案和布局，梳理能够防范化解投资、贸易、金融等领域重大风险的风险防控法律制度体系，得出务实之策。

加快构建法律智库的区域国际合作和交流机制。针对"一带一路"建设中的突出法律问题和国际经贸交往中的热点问题，利用智库平台影响力举办法治学术沙龙、论坛、研讨活动，探索建立智库联盟，海外分支机构和研究中心，搭建高端的智库专家交流活动和对话平台，组织对相关国家法律以及国际规则的咨询、论证,增进"一带一路"国家对彼此的法律文化的交流、法治政策的理解,利用法治话语体系的建构更好地宣传和推动"一带一路"建设,做好社会主义法律体系的阐释者和传播者①。

二、开发司法系统涉"一带一路"案件的外国法查明平台的多样化功能

法律智库平台的多功能性和数据的广泛性决定其无法满足司法大数据管理和外国法查明的所有具体需求,还应该逐步构建专门化的外国法查明平台。目前,最高人民法院的域外法查明平台已经于2019年底在国际商事法庭网站上线,作为全国统一性的法院系统的外国法查明的平台,该举措有效破解了长期以来制约我国涉外审判实践的外国法查明难题,对于涉"一带一路"案件的各级人民法院、诉讼案件的当事人、代理律师,以及在相关国家进行投资或者面临跨境争议的企业可谓非常及时,同时平台也加强了对涉"一带一路"建设案件信息和数据的采集和整理,更加便利地为法官提供智能服务,确保法律适用更加正确,裁判尺度更加统一。

笔者建议,在最高人民法院域外法查明平台的基础上,发挥司法大数据管理和服务平台作用,进一步完善"域外法查明平台",并实现涉"一带一路"法律数据的专门化,搭建法官学习平台,开展多种培训和对外交流,对接沿线国司法部门,签订查明互助协议,在提供各自国家或地区的立法、司法动态信息,要闻或要报等方面展开深入合作。具体建立以下几项机制:

(一)开发智能检索和分类推送功能

对于涉"一带一路"案件,形成规范的电子卷宗制度是开发智能

---

① 林必恒:《探索自贸港法治智库的建设路径》,光明网,2021年1月22日,https://m. gmw. cn/baijia/2021-01/22/34563041. html。

检索和分类推送制度的前提和基础，案件审理完毕电子卷宗自动上传平台，办案过程中的法律适用、法律查明方法、法律查明结果以及法律解释等相关问题自动在系统内完成备案，在帮助法院规范和监管法官办案的同时，也能提供最具体、最庞大和最具有参考价值的外国法资料。建立电子卷宗制度的优势在于，卷宗建立的过程充分采用案由、当事人国别以及法律适用等关键词的规范要求，为后续类案检索的精确性奠定了良好的基础，后期有需求的同类案件的相关查询人无论是输入国家地区或者是纠纷类型，平台都能进行精准识别并且实现相关性级别最高的法律规范或者案例的智能推送，避免"一案一查"。

（二）开展和国家相关法律智库的有效合作

2006 年上海一中院曾经做过一次非常具有开拓性的外国法查明尝试，即对于一份涉外出资合同纠纷采用了当庭利用互联网查询外国法并请专家证人见证的方式，最终成功查明了美国特拉华州法律并获得了双方当事人的认可。这个案件对于外国法查明的启示是当庭在线进行外国法查明是一种非常便捷、公开的途径，但是这种方式也有明显的局限性，本案查明的相关外国法在美国州政府官网上直接能够查到，专家能够当庭认证的难度有效降低，所以并不适用所有案件。笔者建议，可以结合目前外国法查明相关工作的进展对其做一个修正，可以利用前文所述的国家建立的相关法律智库直接获得已经经过权威认证的、更加海量的外国法律资料，并且智库的分类专家也可以直接提供更加具体和人性化的司法咨询服务。如此一来，在司法系统平台本身不具有资料储备的情况下，当庭或者案件审理的其他适合的阶段与国家级法律智库建立持续有效的合作也能成为高效的外国法查明方法。

（三）利用智审系统不断提高法官知法能力和司法审判水平

不管外国法查明工作怎么不断创新和改革，法官依照职权查明案件所涉及的外国法准据法自始至终都是冲突规范法律适用的核心，所以提高法官知法的能力从而保证法官能够更好地履行依法查明外国法的职责是工作的重心。外国法查明工作不仅仅应该是案件涉及外国法以后的被动的工作，更应该是日常总结常见的涉"一带一路"涉外案件的纠纷类型之后的主动的业务提高，建议更好地利用"智审系统"扩大法官知法的范围。根据相关资料，我国最高人民法院以及山东、河北、四川、吉林、浙江、安徽、广东等地区的人民法院都已经陆续开发了智审系统，审理涉"一带一路"案件的法官注册该系统时可以首先填写使用偏好、常用案件类型以及常用国家法律，再结合个人查询历史和查询习惯等具体信息进行后台分析计算之后，智审系统将随时将类似案件的裁判情况以及外国法资料推动给办案法官。智审系统相对比分类推送更加智能和积极主动，不再需要人工检索，而是通过微信、邮箱或者公众号等方式实时推送，常态化提高法官业务能力和办案水平①。或者，建议选取涉外案件数量大且外国法查明工作基础较好的省份或城市，如广东省（7220 件）、福建省（4550 件）、浙江省（1980 件）、江苏省（849 件）、上海市（794 件）和天津市（822 件）②，在其地区高级人民法院试点创建涉"一带一路"外国法查明分中心，下级法院依次设立查明办公室和查明专员。对内，按国别创建法律资源共享库并定期更新，形成"类案智能推送"、外国法资料"一案一报"和"入库"以及"指导性案例"机制，逐级汇总至最高人民法院总库，供各级法院查阅；对外，负责与科研院校和社会团体的有效对接，形成关于外国法性质、查明分工以及与冲突法联动效应等基础外国法查明理论的研究成果，增加决策优势。

（四）积极探索同案不同判预警系统从而实现有效法律适用监管

借助大数据的对比检索功能，在电子卷宗系统普遍建设的基础上实现法律适用一致性的检索和监督。不仅仅是涉"一带一路"案件，所

①　胡昌明：《建设"智慧法院"配套司法体制改革的实践与展望》，载于《中国应用法学》2019 年第 1 期，第 109 页。

②　通过中国裁判文书网对各省从 2011 年至 2018 年底所有涉外民商事案件检索排序。

有案件都必须在同案同判的统一的适用法律和审判标准下才能实现公平公正，利用大数据分析能力，结合案件的案情特征构建案件裁判模型，将每一个案件进行结构性归档，那么再有新的符合同一模型特征的案例出现时，如果其中的一些审判结论、法律适用情况，甚至是对外国法的理解如果和之前的案例有出入，系统就会自动向办案法官发出警示提醒，办案法官经过复盘案件以及对自由裁量权等主客观因素审慎考量之后，如果仍然坚持自己的判断那么就可以继续其他审判环节，如果发现前案存在重大问题，可以进行系统备注。各级法院系统要对同案不同判的相关案件以及做出过重要备注的案件进行定期监督，更好地推动涉外司法审判中的法律适用正确、裁判尺度统一①。

三、建立沿线国别法专家库，完善专家意见制度

建议探索式地增设涉"一带一路"外国法查明专家咨询员和陪审员。复杂的外国法查明案件包括法律适用的理解、国家立法语境下的成文法或判例法解释、专业技术资料的翻译以及当事人质证的观点甄别等一系列问题，建议借鉴上海海事法院经验，遴选领域内造诣精深的专家担任陪审员或咨询员，让不穿法袍的"法官"为外国法查明提供智力支持。

近些年，各级各地人民法院陆续与当地高等院校、科研院所和社会机构合作展开了外国法相关科学研究和外国法查明工作，成效显著。目前国内运行的相对成熟的外国法查明研究中心有西南政法大学的中国—东盟法律研究中心、中国政法大学外国法查明研究中心、华东政法大学外国法查明研究中心、武汉大学外国法查明研究中心以及深圳市蓝海法律查明和商事调解中心，为破解涉外商事海事案件审理中法官查明适用外国法的难题，最高人民法院联合上述五家机构共建

---

① 张羽馨，潘志明：《吴江法院智能深度融合诉讼全流程》，载《江苏法制报》2017年10月10日第2版。

了统一的域外法查明平台，为各级人民法院和有需求的企事业单位提供了更专业、更高效的法律查明服务。上海海事法院与华东政法大学、上海海事大学分别签署了《外国法查明专项合作协议》，同时开发上线了上海海事法院外国法查明平台，该平台成为全国海事审判领域第一个外国法查明平台，对于涉外海事审判外国法查明工作意义重大。尽管各地的研究中心和查明平台陆续建立，但是根据后续运行情况来看，仍然并未形成规范管理、规模效应和普遍模式，并且存在资源重复和信息闭锁等问题，尤其是并未完成专家人才的整合，尤其是涉"一带一路"专家整合。

建议由法院系统牵头，以现有的几个外国法查明中心和理论研究基地为基础，打通各智库壁垒，从中外科研院校、行政机关、法律服务机构、律师协会、国际组织以及通晓外国法实务知识或熟悉实践经验的各行各业的执业者①中招贤纳士，组建类别化、国际化的专家咨询委员会和"一带一路"人才库，形成决策部门、科研院校等部门与智库之间的人才双向挂职和流动制度，重组和优化外国法查明的资源。应以多种标准进行专家分类和拓展，如，以"一带一路"沿线各国所使用的50多种官方语言建立专家索引，服务中国与小语种国家的商贸往来；以"一带一路"建设中典型的纠纷类型建立专家索引，为类型化案件的审理营造公正的司法环境；或以查明目标的地域进行分类，分为主要查明中亚、西亚、中东欧等国家法律的"新亚欧陆桥经济带（西北方向）查明中心"，为丝绸之路经济带核心区提供司法保障，主要查明从绥芬河、海参崴出海口，向西到俄罗斯赤塔通过老亚欧大陆桥至欧洲沿线国家法律的"中蒙俄经济带（东北方向）查明中心"，为常见的铁路国际货物运输纠纷提供司法支持，主要查明巴基斯坦、印度、缅甸、泰国、老挝、柬埔寨、马来西亚、越南、新加坡等国家法律的"南亚—西亚经

---

① 外国比较注重非法律专业的其他专家的意见。如，罗马天主教会的主教对于罗马婚姻法的证明，因为天主教国家的婚姻法含有宗教内容，主持结婚仪式并熟悉婚姻法是主教的日常工作；再如，负责处理交通事故的资深警官对于当地道路交通法的证明。参见陈卫佐：《比较国际私法》，清华大学出版社2008年版，第265页。

济带（西南方向）查明中心"，主要查明通过我国周边港口、滨海地带和岛屿共同连接太平洋、印度洋的沿岸国家或地区法律的"海上丝绸之路经济带（南路）查明中心"，以保证与"一带一路"建设完成区域对接。

参 考 文 献

［1］汉·司马迁：《史记·大宛列传》，线装书局 2016 年版。

［2］张曙光：《实践哲学视阈中的规则与秩序》，载于《社会科学战线》2016 年第 7 期。

［3］丁小巍，王吉文：《论外国法查明中的当事人"未提供外国法"问题》，载于《天津法学》2016 年第 1 期总第 125 期。

［4］宋晓：《当代国际私法的实体倾向》，武汉大学出版社 2004 年版。

［5］易国春：《国际私法的三个历史发展阶段：学说法、国内立法和国际立法——兼论市场经济与国际私法的历史发展关系》，载于《湖北经济学院学报》（人文社会科学版）2008 年第 5 卷第 1 期。

［6］屈茂辉，张彪：《论类推适用的概念——以两大法系类推适用之比较为基础》，载于《河北法学》2007 年第 25 卷第 11 期。

［7］葛仲彰：《规则与方法现代国际私法的价值取向——兼论中国的现实选择》，载于《长春理工大学学报》（社会科学版）2014 年 8 月第 27 卷第 8 期。

［8］韩德培：《国际私法专论》，武汉大学出版社 2004 年版。

［9］翁杰：《法律论证视野下国际私法之"规则"与"方法"的融合》，载于《河北法学》2016 年第 34 卷第 8 期。

［10］［德］阿图尔·考夫曼：《法律获取的程序——一种理性分析》，雷磊译，中国政法大学出版社 2015 年版。

［11］鲍晴：《考夫曼的法律获取理论研究》，硕士学位论文，南京师范大学法学院，2020 年。

［12］［德］亚图·考夫曼：《类推与"事物本质"———兼论类型理论》，吴从周译，学林文化事业有限公司 1999 年版。

［13］［美］约翰·罗尔斯：《正义论》，何怀宏、何包钢、廖申白译，中国社会科学出版社 1988 年版。

［14］［美］埃德加·博登海默：《法理学——法律哲学与法律方法》，邓正来译，中国政法大学出版社 2004 年版。

［15］张丽珍：《国际私法中冲突正义与实质正义衍进之多维观照》，载于《社科纵横》2018 年总第 33 卷第 2 期。

［16］李双元：《国际私法正在发生质的飞跃——试评 20 世纪末的国际私法：进步抑或倒退》，载于《国际法与比较法论丛》，中国方正出版社 2003 年版。

［17］徐冬根：《论国际私法的形式正义和实质正义》，载于《华东政法学院学报》2006 年第 1 期（总第 44 期）。

［18］李双元、欧福永：《国际私法》（第五版），北京大学出版社 2018 年版。

［19］谭岳奇：《从形式正义到实质正义——现代国际私法的价值转换和发展取向思考》，载于《法制与社会发展》1999 年第 3 期。

［20］李双元：《中国与国际私法统一化进程》，武汉大学出版社 1998 年版。

［21］董琦：《论我国外国法查明制度的完善》，载于《东南学术》，2017 年第 4 期。

［22］葛淼：《程序法视角下的外国法查明问题》，载于《西部法学评论》2019 年第 1 期。

［23］叶自强：《司法认知论》，载于《法学研究》1996 年第 4 期。

［24］朱莉：《管辖权、法律选择方法与规则的经济学分析》，法律出版社 2008 年版。

［25］李双元：《国际私法学》，北京大学出版社 2000 年版。

［26］李旺：《涉外案件所适用的外国法的查明方法初探》，载于《政法论坛》（中国政法大学学报）2003 年第 21 卷第 2 期。

[27] 〔美〕罗伯特·默顿：《社会研究与社会政策》，林聚任译，三联书店 2001 年版。

[28] 董立坤：《国际私法论》，法律出版社 2000 年版。

[29] 石佑启，韩永红，向明华，王燕，杨崇棱：《"一带一路"法律保障机制研究》，人民出版社 2016 年版。

[30] 沈倩：《"一带一路"商事争端解决机制新发展》，载于《检察日报》2019 年 10 月 16 日，第 3 版。

[31] 查士丁尼：《法学总论——法学阶梯》，张企泰译，商务印书馆 1989 年版。

[32] 吴经熊：《新民法与民族主义》，载于《法律哲学研究》，清华大学出版社 2005 年版。

[33] 杜涛：《从"法律冲突"到"法律共享"：人类命运共同体时代国际私法的价值重构》，载于《当代法学》2019 年第 3 期。

[34] E. 博登海默：《法理学——法哲学及其方法》，华夏出版社 1987 年版。

[35] 何志鹏：《国际法治论》，北京大学出版社 2016 年版。

[36] 白清平，杨志强：《深刻认识习近平法治思想的生成逻辑》，载于《陕西日报》2020 年 12 月 23 日，第 6 版。

[37] 崔海燕、于振芳（浙江金道律师事务所）：《"一带一路"宏观及国别法律风险识别》，载于中国涉外律师领军人才：《涉外律师在行动"一带一路"法律实务特辑》，法律出版社 2016 年版。

[38] 李玉璧、王兰：《"一带一路"建设中的法律风险识别及应对策略》，载于《国家行政学院学报》2017 年第 2 期。

[39] 《一带一路沿线国家法律风险防范指引》系列丛书编委会编：《一带一路沿线国家法律风险防范指引》（新加坡），经济科学出版社 2017 年版。

[40] 《一带一路沿线国家法律风险防范指引》系列丛书编委会编：《一带一路沿线国家法律风险防范指引》（白俄罗斯），经济科学出版社 2017 年版。

[41] 王莉莉：《山东自贸试验区知识产权大保护格局的决策依据、实践逻辑与构建路径》，载于《山东财经大学学报》2021 年第 33 卷第 1 期。

[42]《一带一路沿线国家法律风险防范指引》系列丛书编委会编：《一带一路沿线国家法律风险防范指引》（缅甸），经济科学出版社 2017 年版。

[43] 韩秀丽：《中国海外投资中的环境保护问题》，载于《国际问题研究》2013 年第 5 期。

[44] 韩秀丽：《中国海外投资的环境保护问题——基于投资法维度的考察》，载于《厦门大学学报》（哲学社会科学版）2018 年第 3 期（总第 247 期）。

[45]《上海海事法院涉"一带一路"审判情况及十大典型案例通报 2017》，司法报告，上海海事法院，2018 年。

[46]《天津法院服务保障"一带一路"建设状况白皮书》，司法报告，天津高级人民法院，2018 年。

[47]《山东法院服务保障"一带一路"和"上合示范区"建设典型案例》，司法报告，山东省高级人民法院，2019 年。

[48] 余东明：《上海高院发布涉外涉港澳台商事审判白皮书——涉"一带一路"沿线国家案件增多》，载于《法制日报》政法·司法，2017 年 9 月 20 日 03 版。

[49] 于志宏、张超：《建设"一带一路"过程中的外国法查明制度探究》，载于《当代港澳研究》2015 年第 4 辑。

[50] 刘来平：《外国法的查明比较研究》，博士学位论文，华东政法学院国际法专业，2006 年 4 月。

[51] 韩德培：《国际私法》，高等教育出版社、北京大学出版社 2007 年版。

[52] 宋锡祥、朱柏燃：《"一带一路"战略下完善我国外国法查明机制的法律思考》，载于《上海财经大学学报》2017 年 8 月第 19 卷第 14 期。

［53］刘铁铮、陈荣传：《国际私法论》，三民书局1998年版。

［54］杨涛：《"一国两制"下多法域的法律冲突及解决》，载于《法制与社会》2009年第29期。

［55］王显荣：《外国法适用论》，西南政法大学国际法学博士学位论文2014年。

［56］李双元、谢石松：《国际民事诉讼法概论》，武汉大学出版社1990年版。

［57］王洪：《司法判决与法律推理》，时事出版社2002年版。

［58］李旺：《国际私法》，高等教育出版社2015年版。

［59］黄风：《罗马法词典》，法律出版社2002年版。

［60］［德］克罗夫勒：《国际私法》，慕尼黑：C. H. 贝克出版社2004年版。

［61］徐鹏：《外国法查明：规则借鉴中的思考——以德国外国法查明制度为参照》，载于《比较法研究》2007年第2期。

［62］肖芳：《论外国法的查明——中国法视角下的比较法研究》，北京大学出版社2010年版。

［63］张海凤：《外国法的查明研究》，吉林大学硕士研究生论文，2008年。

［64］袁泉：《荷兰国际私法比较研究》，法律出版社2000年版。

［65］杜新丽：《国际私法实务中的法律问题》，中信出版社2005年版。

［66］卢煜林：《论法官知法原则及其在国际商事仲裁之中的运用》，华东政法大学外国法律史硕士学位论文，2012年。

［67］李研：《英法两国关于外国法的查明问题之比较及其启示》，《郑州大学学报》（哲学社会科学版）2005年第5期。

［68］陈卫佐：《瑞士国际私法法典研究》，法律出版社1998年版。

［69］李双元、欧福永、熊之才：《国际私法教学参考资料选编》，北京大学出版社2002年版。

［70］刘来平：《外国法的查明》，法律出版社2007年版。

［71］［德］金德尔·奥斯堡：《民事诉讼杂志》1998 年第 2 期。

［72］［加拿大］威廉·泰特雷：《国际冲突法：普通法、大陆法及海事法》，刘兴莉译，黄进校，法律出版社 2003 年版。

［73］韩德培：《国际私法新论》，武汉大学出版社 1997 年版。

［74］徐东根：《国际私法趋势论》，北京大学出版社 2005 年版。

［75］高晓力：《涉外民商事审判实践中外国法的查明》，载于《武大国际法评论》2014 年第 2 期。

［76］王杰：《论我国外国法查明中的专家查明》，南京师范大学 2020 年硕士学位论文。

［77］柯林斯：《戴雪、莫里斯和柯林斯论冲突法》，商务印书馆 2012 年版。

［78］［日］谷口安平：《程序的正义与诉讼》，王亚新，刘荣军译，中国政法大学出版社 1996 年版。

［79］徐继军：《国外专家证人责任制度改革动态及其对我国的启示》，陈光中、江伟主编：《诉讼法论丛（第 10 卷）》，法律出版社 2005 年版。

［80］李建华、董彪：《专家对第三人承担民事责任的理论基础——兼论德国新债法对我国民事立法的启示》，载于《社会科学战线》2005 年第 5 期。

［81］［德］克雷斯蒂安·冯·巴尔：《欧洲比较侵权行为法》，张新宝译，法律出版社 2001 年版。

［82］王葆莳：《外国法查明中的专家侵权责任研究》，载于《时代法学》2011 年 10 月第 9 卷第 5 期。

［83］王利明：《侵权责任法研究（上卷）》，中国人民大学出版社 2010 年版。

［84］张新宝、张小义：《论纯粹经济损失的几个基本问题》，载于《法学杂志》2007 年第 4 期。

［85］满洪杰：《论纯粹经济利益损失保护——兼评〈侵权责任法〉第 2 条》，载于《法学论坛》2011 年第 2 期。

[86] 葛云松：《纯粹经济损失的赔偿和一般侵权行为条款》，载于《中外法学》2009 年第 5 期。

[87] 徐锦堂：《论域外法查明的意志责任说——从我国涉外民商事审判实践出发》，载于《法学评论》2010 年第 1 期。

[88] 王华、杜素华：《求解侵权法之"戈尔迪之结"——侵权法框架下纯粹经济损失赔偿问题的思考》，载于《山东审判》第 32 卷总第 228 期。

[89] 郑佳颖：《专家对第三人责任的构成及赔偿范围》，华东政法大学 2018 年硕士学位论文。

[90] 苏晓凌：《外国法适用 一个宏观到微观的考察》，中国法制出版社 2015 年版。

[91] 谢军：《上海一中院首创当庭上网查明外国法》，载于《光明日报》第 2006 年 1 月 15 日，第 6 版。

[92] 程建英：《德国马普协会外国及国际私法研究所介绍》，载于《比较法研究》1993 年第 2 期。

[93] 黄进：《瑞士比较法研究所简介》，载于《法学评论》1987 年第 4 期。

[94] [韩] 崔公雄：《国际诉讼》，有法社 1994 年版。

[95] [德] 马丁·沃尔夫：《国际私法》，李浩培、汤宗舜译，法律出版社 1988 年版。

[96] [日] 北协敏一：《国际私法》，姚梅镇译，法律出版社 1989 年版。

[97] [日] 山田镣一、早田芳郎：《演习国际私法新版》，日本有斐阁 1992 年版。

[98] [韩] 法务部：《各国的国际私法》，韩文译本，2001 年版。

[99] 郭玉军：《近年中国有关外国法查明与适用的理论与实践》，载于《武大国际法评论》（专论）。

[100] 李凤琴：《涉外民事关系法律适用中的强制规则的识别》，载于《法治研究》2014 年第 6 期。

［101］ 黄进、杜焕芳：《"外国法的查明和解释"的条文设计与论证》，载于《求是学刊》2005 年 3 月第 32 卷第 2 期。

［102］ 丁伟：《后〈民法典〉时代中国国际私法的优化》，载于《政法论坛》2020 年 9 月第 38 卷第 5 期。

［103］ 张正怡：《〈涉外民事法律关系适用法〉中的外国法查明制度》，载于《长安大学学报（社会科学版）》2011 年第 13 卷第 2 期。

［104］ 郭文利：《我国涉外民商事审判存在问题实证分析——以 757 份裁判文书为依据》，载于《时代法学》2010 年第 5 期。

［105］ 陈力、王乃雯：《当事人查明外国法不能的困境与救济》，载于《中国国际私法学会 2016 年年会论文集（上册）》，2016 年 11 月。

［106］ 刘敬东：《"一带一路"建设的法治化与人民法院的职责》，见最高人民法院"一带一路"司法研究中心：《"一带一路"司法理论与实务纵览论文精选》（2015—2016 年度），法律出版社 2016 年版。

［107］ 邹龙妹：《俄罗斯涉外民商事审判中的外国法查明问题——兼论〈俄罗斯联邦民法典〉第 1191 条之规定》，载于《求是学刊》2008 年 5 月第 35 卷第 3 期。

［108］ 张建：《外国法查明问题的各国实践与典型案例——基于若干样本的考察》，载于《海峡法学》2016 年 9 月第 3 期（总第 69 期）。

［109］ 肖永平：《国际私法原理》，法律出版社 2003 年版。

［110］ 胡昌明：《建设"智慧法院"配套司法体制改革的实践与展望》，载于《中国应用法学》2019 年第 1 期。

［111］ 张羽馨、潘志明：《吴江法院智能深度融合诉讼全流程》，载于《江苏法制报》2017 年 10 月 10 日第 2 版。

［112］ 陈卫佐：《比较国际私法》，清华大学出版社 2008 年版。

［113］ R. Fentiman：English Private International Law at the End of the 20th Century：Progress or Regress？，in Symeon C.

［114］ Symeonides，Private International Law at the End of the 20th Century：Progress or Regress Kluwer Law International，2000.

［115］ William L. Prosse，Interstate Publication，Michigan Law Review, 1953, Vol. 51.

[116] Symeon C. Symeonides, Codifying Choice of Law Around the World: An International Comparative Analysis. Oxford University Press, 2014.

[117] Piero Calamandrei: Procedure and Democracy, New York: New York University Press, 1956.

[118] Symeon C. Symeonides: Codifying Choice of Law Around the World: An International Comparative Analysis, New York: Oxford University Press, 2014.

[119] Richard Fentiman: Foreign Law in English Courts: Pleading, Proof, and Choice of Law, New York: Oxford University Press, 1998.

[120] Shaheeza Alalani: Establishing of the Foreign Law: A Comparative Study. 20 MJ1, 2013.

[121] A. V. Dicey & J. H. C. Morris: The Conflict of Laws (12th ed.), London: Sweet & Maxwell 1993.

[122] Carlos Esplugues JoséLuis Iglesias Guillermo Palao: Application of Foreign Law, Sellier. European Law Publishers Gmb H, Munich. 2011.

[123] Shaheeza Alalani, Establishing of the Foreign Law: A Comparative Study. 20 MJ 1, 2013.

[124] Johann Kindl Ausburg Auslaendisches Rechtvordeutschen Gerichten ZZP 111. Heft 2. 1998, S. 177.

[125] A. Engelman: A History of Continental Civil Procedure. Boston: Little Brown, 1927.

[126] J. Fox: Dictionary of International and Comparative Law. New York: Oceana Publishing, 1992.

[127] Cheshire and North, Private International Law, 13th edition, London: Butterworths, 1999.

[128] J. Westlake: A Treatise on Private International Law, 7th ed., Sweet&Maxwell, 1925.

［129］ UN. Report of the Secretary – General on the Rule of Law and Transitional Justice in Conflict and Post – Conflict Societies, S/2004 /616, 23 August 2004.

［130］ US Commercial Service, Doing Business in Indonesia, 2011 Country Commercial Guide for U. S. Companies, Charper 6, Openness to Foreign Investment.

［131］ Douglas R. Tueller: Reaching and Applying Foreign law in West Germany: A Systemic Study, 19 Stan, J, int'I L. 99, 126 (1983).

［132］ Dicey and Morris: The Conflict of Laws, 13th ed. , London: Sweet &Maxwell, 2000.

［133］ Roger J. Miner, The Reception of Foreign Law in the U. S. Feferal Courts, Am. J. Comp. L. , Vol. 43, 1996.

［134］ J. G. Collier, Conflict of Laws, 3rd ed. , Cambridge: Cambridge University Press 2001.

［135］ Tristram Hodgkinson, Mark James, Expert Evidence: Law and Practice, London: Sweet&Maxwell, 2010.

［136］ Michael Coester & Basil Markesinis: Liability of Financial Expertsin German and American Law: An Exercise in Comparative Method, Vol 51, 2003.

［137］ Wagner: BGB § 839 a Münchener Kommentar zum BGB, 5. Aufl. （2009）, Rn.

［138］ J. Langbein: The German Advantage in Civil Procedure, Chicago Law Review, Vol. 52, 1985.

［139］ John G. Sprankling and George R. Lanyi: Pleading and Proof of Foreign Law in American Courts, Stan J. Int'l L. , Vol. 19, 1983.

［140］ Sofie Geeroms: Foreign Law in Civil Litigation: A Comparative and Functional Analysis, Oxford, 2004.

［141］ Ulrich Drobnig: The Use of Foreign Law by German Courts, in Erik Jayme （ed. ）, German National Reports in Civil Law Matters for the

XIVth Congress of Comparative Law in Athens 1994, Heidelberg, 1994.

[142] J. H. C. MORRIS: The Conflict of Laws, London: Stevens and Sons, 1993.

[143] Judgement of June 22, 1970, Trib. gr. inst. , reprinted in 99 Journal de Droit International 311 (1972) (Fr.).

[144] Judgement of Nov. 25, 1971, Trib. gr. inst. , reprinted in 62 R. C. D. I. P. 499 (1973) (Fr.).

[145] Shake v. Mohammed AL – Bedrawi § 42 (C. A. 2002) [2003] Ch. 350.

[146] Male v. Roberts (1800) 170 Eng. Rep. 574, 574 (K. B.).

[147] Mother Bertha Music Ltd. v. Bourne Music Ltd. 31 July 1977, IIC 1998, 673.

[148] William L. Reynolds: What happens When Parities Fail to Prove Foreign Law, Mercer Law Review, 1997.

[149] Walton v. Arabian American Oil Co. 233 F. 2d 541 (2d Cir. 1956).

[150] Robert Gilpin: The Political Economy of International Relations, Princeton University Press, 1987.

[151] Ralph U · Whitten, U · S Conflict – of – Laws Doctrine and Forum Shopping, International and Domestic, 37 Tex. Int´l L · J. 564 – 565 (2002).

[152] Jacob Dolinger: Application, Proof, and Internation of foreign law: a comparative study in private international law, (1995) 12 Ariz. J. Int'l & Comp. Law 225.

后　记

　　国际私法学者们似乎都愿意提及一个说法，就是国际私法的困境。无论是实体方法和法律选择之间的不同思维逻辑此消彼长难以取舍的困境，还是单边主义和多边主义不同根源、机理和趋向的彼此缠绕的困境，抑或是国际统一主义和民族中心主义的无休止利益和价值博弈的困境，国际私法的一切窘顿的源头都在于法律冲突和选择，也最终归于法律冲突和选择。这既是一种令人头疼和烦恼的逻辑怪圈，但同时又因为蕴藏着太多神秘的悬而未决，流动着太多的对立与矛盾，吸引着一批又一批学者不断刺探并且意犹未尽，因此国际私法获得了闪烁近千年光辉的无法言喻的魅力。如果说冲突法最初是"一片阴郁的沼泽，遍布着摇颤的泥潭，居于此地者，为一群博学而乖戾的教授，他们用怪诞和令人费解的术语为神秘之物创立理论"。那么如今它就是陷落在雾气氤氲中、和着孤独的月华、缠绵着没落、阴郁和伤感味道的湖畔，沉迷其中的学者们在雾气中独自驾舟摇曳、铮铮絮语，倾力耕耘于斯，在经年累计的著述中无法自拔。也许，吸引学者们愿意戴着枷锁挣扎着跳舞的那股神秘的力量其实就是晦涩难懂的复杂规则之中蕴含的混乱中的秩序之美，过去如是，现在亦然。

　　现代冲突法的框架下，各国更加清晰于将国际私法的矛盾焦点放在法律秩序和法律正义的价值冲突的权衡，冲突法的价值实现依靠对外政策的实现、国际经济新秩序的建立、涉外裁判的效果、判决结果的可预见性和一致性以及每一件具体案件中所体现出的程序正义和实体正义。正如美国法学家博登·海默所说，法律制度的形式结果和实质性目的的两个基本概念即秩序和正义，不少学者认为传统冲突法追求的价值重心主要是秩序，现代冲突法追求的价值主要倾向于正义，美国的百年冲突法价值观的进化就仿佛是一段漫长历史岁月的缩影，第一次冲突法重述提供了一定程度的确定性价值元素，但是以淡化公正性为代价，第二次冲突法重述又矫枉过正地过于追求正义，为了体现更多的灵活性牺牲了公正性，无论立足国内还是全球范围，冲突法的价值发展史都在不断地优化和自我调整，最终回归到秩序价值和正义价值平衡的正轨上来。从外国法查明制度的视角看，冲突法追求的秩序就是必须具有对于外国法认知和适用态度上的一致性、连续性、确定性的尊重，冲突法追求的正义就是对于查明责任分配的合理化安排，适用准据法对于当事人实体权利义务的有效支持以及考虑各种因素之后对正义的匡正。

　　回顾中国国际私法在改革开放四十多年来的漫长的发展历程，从偏重地域性、封闭性和孤立性的传统思维以及实践惯性，到如今趋向统一和独立，无论是立法模式、立法技术还是理念与思维都更加契合中国经济社会快速革新的要求，全球性、开放性和普遍性的因子已经如同血液融入了法律的建构和发展，兼容并蓄、平衡协调的立法理念在理论和实践中处处体现。习近平总书记提出的"一带一路"倡议以及所阐述的人类命运共同体的构建既是经济发展的过程，也是不同国家、不同文明对话的过程，更是促进全球治理体系变革的重要过程。"一带一路"倡议以及人类命运共同体的基本概念和实践路径，也为下一步的中国国际私法立法和司法改革指明了方向，相互尊重、公平正义以及合作共享的理念为中国法律现代化寻求了有力的精神支撑和理念准则，同时为国际社会更加和谐健康的法律发展走势的形成以及国际民商新秩序的建立和有序发展奠定了坚实的理论基础。

　　外国法查明制度在近几年之前一直都是在国际私法中备受忽视的制度，然而，当涉外司法审判中的外国法查明途径匮乏、查明耗时冗长、适用情况复杂、查明质量参差不齐、查明机构混乱分散等问题卡住了涉外审判的脖颈的时候，当"一带一路"案件得到公正裁判的关键落到了外国法查明的环节上时，制度体现了它原本就存在的意义和价值。良法是善治的前提，推进"一带一路"人类命运共同体的建设离不开外国法查明制度的改革和发展，这是制度本身的使命，更是国际私法的重要历史使命。

未来，外国法查明制度必须坚持全球化的发展观和建设观。人类面临着从未有过的世界发展之大变局，中国面临着从未有过踏上高速发展之路的大机遇，国家彼此间的依附性更强，"良法"不仅仅包括国内法，也应该包括外国法和国际公约、国际惯例，中国的立法、司法应该朝着更加开放、包容、平衡、共享的方向发展，以"国际法治""全球法律"的意识，提供更公正合理、开放透明、创新完善的国际经贸规则，以高质量司法服务保障"一带一路"建设。在全球化思路下推动外国法查明制度的趋同和统一。全球化发展和区域共建的一个利好消息就是带动具体制度的国际本位观念的提升，在制度设计和执行的过程中，我们会不自觉地考虑其他国家的利益，国际社会的共同利益，遵循某些国际社会公认的准则和惯例的制约，吸收和学习成员国家外国法查明制度中的先进因素，通过谋求国际合作从而让我们的外国法查明制度被更多国际舆论认可，甚至我们的一些相关的观点和声音成为国际私法公约或者文件的一部分，制度趋同化既是"一带一路"人类命运共同体构建的需要，也是国际私法制度本身构建的需要。坚持国际法治与国内法治的双向互动与有机统一。"一带一路"建设是在求同存异基础上的创新合作模式，合作并不能抹杀各国政治、经济、法律和文化等方面的诸多差异，国际民商新秩序的建立、法律的趋同并不是要打造全球或者区域统一的法治标准或者制度模式，所以外国法查明制度不仅仅要具有国际性，要能适应国际法治的快速进程，同时也要保有自己的特色的理念和价值，在不断的双向互动中寻求自我成长的基础和前提，达到共生共长的协调与一致。

习近平总书记在论及"人类命运共同体"的时候，这样说，"法律的生命也在于公平正义，各国和国际司法机构应该确保国际法平等统一适用，不能搞双重标准，不能'合则用、不合则弃'，真正做到'无偏无党，王道荡荡'"①。外国法查明制度的成长也是一场追求法律平等适用的漫长旅程，虽然正义在不同法域被赋予不同的内涵和外延，但是伴随着我们更加包容的法律精神和国际法思维，各国法律所包含的对正义的理解将通过冲突规则和外国法查明制度投射进每一个司法案件中，公平正义最终总会到来。

2022 年 7 月
于山东财经大学燕山校园

---

① 《共同构建人类命运共同体——在联合国日内瓦总部的演讲》，人民网，2017 年 1 月 9 日，https：//news. china. com/finance/11155042/20170119/30190232. html。